中高年の心理臨床

宇都宮 博・大川一郎

装丁・ブックデザイン：畑中　猛

o-35

まえがき

　平成に代わり，新たに令和の時代を迎えた。"超高齢社会"（総人口のうち，65歳以上の人口が21%を超えている状態）を迎えているわが国では，いわゆる100歳高齢者の数も増加の一途をたどっている。彼らの中には，明治から4つの時代を生き抜いてきた人々も存在する。心理と教育コースの専門科目として，2014年に新設された「中高年の心理臨床」は，まさに時代の要請によって誕生したものである。既存の「乳幼児・児童の心理臨床」と「思春期・青年期の心理臨床」ととともに，生涯発達的視座から心理臨床の問題を捉える上で欠かせない科目として位置づけられている。

　中高年の定義をめぐっては，様々な立場があるが，本書は中年期から老年期にかけて幅広く捉えるものである。必然的に本書の対象は様々な世代に属しており，彼らが生きてきた時代背景を慎重に取り扱う必要がある。例えば，戦後の第1次ベビーブーム期に生まれた団塊の世代とともに，その子ども世代も既に中年期へと移行しており，本書の対象となるが，両者が中年期を迎えた状況は大きく異なっている。生涯発達的視座から中高年者を考える際には，彼らがどのような発達段階に位置しているのかという発達の縦軸とともに，どのような社会制度や生活環境に置かれているのかといった横軸にも注目する必要があると言える。

　近年，中高年者のうつ病や社会的引きこもり，精神疾患による休職，自殺等，様々な問題が社会的関心事となっている。しかしながら，中年期の人々は家庭や職業生活をはじめとする様々なコミュニティにおいて重い責任を担っており，「ケアされる側」としての理解が社会的に得られにくい状況にある。また，老年期には，心身の不調や近親者との死別

4

等，複数の喪失体験が度重なる状況も少なくなく，中高年者に対する心理臨床的支援の充実が急がれるところである。

　本書は，大筋として中年期，老年期の流れで，総論および各論が展開されている。具体的な構成としては，第1章で中高年者を取り巻く環境の変化や彼らの心理社会的状況を捉える際の視点等を整理している。第2章では，生涯における中年期の発達的な位置づけや彼らの心理社会的課題について述べている。第3章では，中年期における疾病の特徴や「中年期危機」の構造や支援の課題について論じている。第4章では，キャリア発達やワークライフバランス等の働くことにかかわる問題と心理臨床的支援について，第5章では，離婚や子どもの巣立ち，老親介護をめぐる家族役割への適応等，家族にかかわる問題と心理臨床的支援について，それぞれ論じている。第6章では，予期せぬ事態として，人生半ばで大病を患った人々の心理と支援をめぐる問題，第7章では，退職による生活構造の大幅な変化に直面した人々への心理臨床的支援について扱っている。第8章と第9章では，こころとからだのエイジングを取り上げており，第8章で身体機能のエイジングの特性と適応にかかわる心理臨床的支援の課題と実践，そして第9章で知的機能のエイジングの特性とその背景要因やアセスメントについて論じている。第10章では，老年期の発達的特徴や高齢者の置かれている社会的状況，さらには老年期にかかわる諸理論等について概説している。第11章から第14章にかけては，高齢者に対する心理臨床ならびに認知症に関する問題について取り上げている。このうち第11章では，高齢者の心理について，事例を交えながら彼らへの理解のあり方を論じている。第12章では，認知症に焦点を当てて，その原因疾患と行動の特徴についてまとめている。第13章では，高齢者に対する心理臨床をめぐる問題の中でも，高齢者に対する心理的介入の方法について，事例を用いて検討している。第14

章では，認知症者への支援に関する基本的な考え方や実際の支援のあり方について論じている。そして，最後の第15章では，死をめぐる問題として，死にゆく人々と残される人々の心理的プロセスや喪の儀式をめぐる心理臨床的支援の課題について述べている。

　本書を通して，中高年の人々が置かれている心理社会的状況への理解が深まるとともに，臨床実践の場に少しでも寄与できれば幸いである。また，中高年の心理臨床的課題をめぐっては今後益々活発な議論が必要とされることから，多くの読者のみなさまからの率直なご意見やご感想をお待ちしたい。

2020年3月　　　　　　　　　　　　編者を代表して　宇都宮　博

目次

1 | 中高年の人々はどういう時代を生きてきたのか
―生涯発達的視座からみた心理臨床的課題―

宇都宮 博

《**目標 & ポイント**》 大衆長寿社会を迎えて久しい日本において，人生全般を見据えた，生涯発達的視座の必要性が強く言われている。その一方で，我々は人生の中で幾多にわたる変化の波を受けてきている。こうした変化をめぐっては，直面するタイミングの重要性が指摘され，どのような時代を生きてきたかといった社会的文脈を考慮する必要がある。本章では，次章以降を通して有用とされる，中高年者が歩んできた人生の社会的背景や現在の置かれている状況を整理するとともに，生涯発達における社会的文脈の意味について論じる。

《**キーワード**》 社会変動，生涯発達，コホート，高齢化，ライフコースの多様化

1. 中高年の定義

　人はいつからが中高年なのであろうか。この問いをめぐっては明確な答えは難しい。受けとめ方には個人差があり，同一個人でも，自身の加齢に伴い，設定を変更させることも考えられる。特に年齢を区切らずに，個人の主観的な判断に任せることも少なくない。客観的に人生の中盤以降からとした場合も，平均寿命の延びによって，開始年齢や該当する年齢範囲は変わってくる可能性がある。法制度での定義をみると，例えば「高年齢者等の雇用の安定等に関する法律」（略称：高年齢者雇用安定法）では，「中高年齢者」を 45 歳以上，「高年齢者」を 65 歳以上とに分けて

設定されている。また、「21 世紀における国民健康づくり運動（健康日本 21）」の中でも、45 歳から 64 歳までが中高年として提示されている。

　本書においても、中高年の開始年齢をめぐっては、概ね 40 代後半頃からであると想定している。しかしながら、実際に取り扱う対象については、老年期も視野に入れており、広く人生後半全般に及ぶ。そのため本書の内容は、明確な区分は困難であるが、基本的に前半で中高年者層を、後半で高齢者層を中心に構成されている。

2. 中高年者が歩んできた人生の社会的背景

　中高年の人々は、どのような社会的背景のもとに人生を歩んできたのであろうか。先述したとおり、本書の対象となる人々は年齢層の幅が広く、人生の出発地点が大きく異なる。そこで社会の動向を通して、どのタイミングで様々な事象に遭遇してきたのかについて考えてもらいたい。図 1-1 は、戦後以降の日本の社会的変遷をたどったものである（厚生労働省, 2011）。

　産業構造については、農業等の第 1 次産業が主流であった時代から、工業化による第 2 次産業、そして経済のサービス化による第 3 次産業中心へと移行してきた。経済状況をみると、戦後の復興、高度経済成長、安定経済成長、バブル経済とその崩壊、そして停滞の時代へと向かうこととなる。「1 億総中流」といわれた時代は過去のものとなり、現在では貧富の差が拡大していると言われている。また、バブル崩壊と相まって、長らく続いてきた日本的雇用慣行に揺らぎが生じ、非正規雇用が増大する。戦後、職を求めて若者世代を中心に大都市へ移動することで、核家族化が進む。第 3 次産業が発展し、また 1985 年に男女雇用機会均等法が制定されたことも後押しして、女性の雇用者が増加するようになる。

　これに伴い、パートタイム労働を含め、夫婦共働き世帯が増える。人

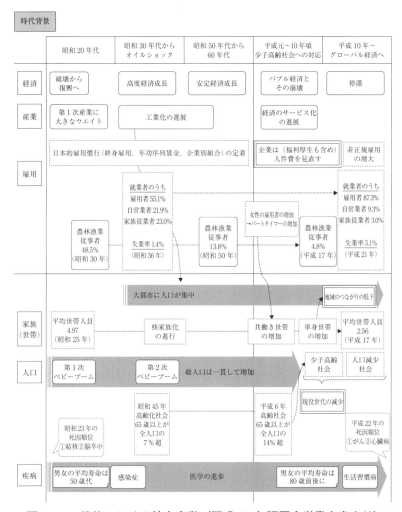

図1-1 戦後における社会変動（平成23年版厚生労働白書より）

口は第2次ベビーブーム以降も長らく継続するも，結婚しない人々の増加や晩婚化も関係して，少子化が進展することとなる。特に結婚をしたくてもできないという状況は，男性の低所得者において顕著にみられている。少子化が進む一方，医学の進歩によって平均寿命が延長し，高齢者の数は増加の一途をたどっている。我が国は類例を見ない急速なスピードで，高齢社会，そして超高齢社会を迎えた。しかしながら，現在では総人口の減少が認められるようになり，人口減少社会に歯止めがきかない状況になっている。この他，高齢者の世帯に関して，拡大家族の割合が減少し，女性を中心に単身世帯者が増加している。なお，高齢化の動向については，あわせて図 1-2 も参照されたい。

その他の重要な社会の変化として，IT 化が挙げられる。1990 年代にインターネットが商業化され，いわゆるブラウザ戦争が生じて以降，急速に普及していった。今日では SNS を始めとするインターネットの利用が，世代を越えて進んでおり，まさに情報社会が到来している。IT 化は我々の暮らしやコミュニケーションのあり方を大きく様変わりさせるほどの革命的な現象であり，光と影の両面から注目されている。

3. ライフサイクルからライフコースへ

平均寿命の延びや，女性が一生に産む子どもの数の減少は，ライフサイクルのあり方に大きな変化をもたらしている。ライフサイクルとは，もともと生物界で認められる，ある世代から次の世代へ交代するまでの規則的な繰り返しのプロセスを意味する。図 1-3 は，世代によるライフサイクルの差異を示したものである。異なる 4 つの世代間で，結婚の時期や子育ての期間，初孫の誕生の時期等，様々な違いが生じているのが分かる。このような相違は，自分たちの先を行く人々を，自らの人生モデルとして位置づけるのが困難なことを示唆している。

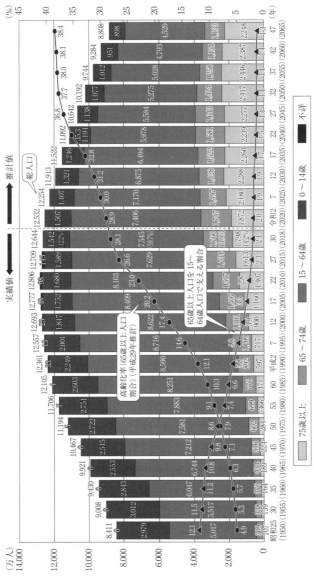

図1-2　高齢化の推移と将来推計（厚生労働省，2019　改変）

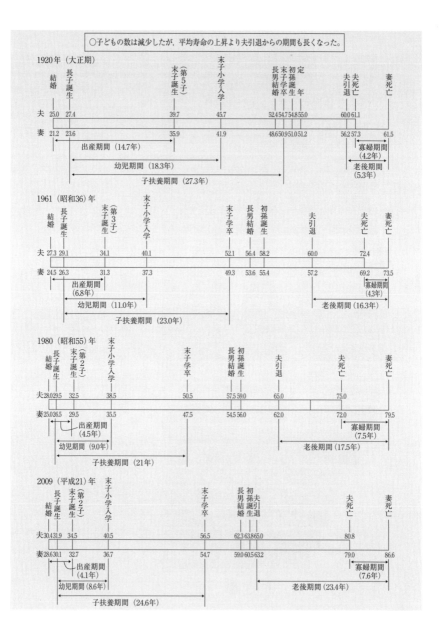

○子どもの数は減少したが，平均寿命の上昇より夫引退からの期間も長くなった。

資料：1920年，1980年は厚生省「昭和59年厚生白書」，1961年，2009年は厚生労働省大
　　　臣官房統計情報部「人口動態統計」等より厚生労働省政策統括官付政策評価官室に
　　　おいて作成。
(注) 1.　夫妻の死亡年齢は，各々の平均初婚年齢に結婚時の平均余命を加えて算出している。
　　　　そのため，本モデルの寡婦期間は，実際に夫と死別した妻のそれとは異なること
　　　　に注意する必要がある。
　　　2.　価値観の多様化により，人生の選択肢も多くなってきており，統計でみた平均的
　　　　なライフスタイルに合致しない場合が多くなっていることに留意する必要がある。

図1-3　年代別平均的ライフサイクル（厚生労働省，2011）

　さらに，生き方や家族形成をめぐる価値観の多様化や，それらに対す
る社会の許容度の高まり（規範的な拘束力の弱まり）によって，ライフ
サイクルといった画一的な人生パターンでは，現実を生きる人々に適合
しにくい状況が生じている点も指摘される。そのため，近年では，ライ
フサイクルに代わり，ライフコース（人生行路）の概念が用いられるこ
とも多くなっている。ライフサイクルが世代と世代とのつながりを前提
とするのに対し，ライフコースは個人の誕生から死に至るまでの一生に
焦点があてられる。すなわち，ライフコースは，個人が人生のそれぞれ
の時期において様々な役割やライフイベントを経てたどる道筋に着目し
ており，あくまでも個人の人生で完結する概念と言える。

　図1-4は，女性の一生を想定したライフコースの多様性を表すモデル
である。人生の様々な時点でライフスタイルをめぐる選択が求められ，
進路が枝分かれすることがわかりやすく描かれている。ただ，このモデ
ルはかなり単純に類型化されており，実際にはより細かなバリエーショ
ンが想定されるだろう。例えば，配偶者との離・死別によってシングル・
ペアレントとなる人々や，再婚を経験する人々等は数多くみられる。ま
た，わが国では社会的マイノリティとされるステップ・ファミリーや同
性愛カップル，婚姻制度にもとづかない同棲カップル等のライフスタイ

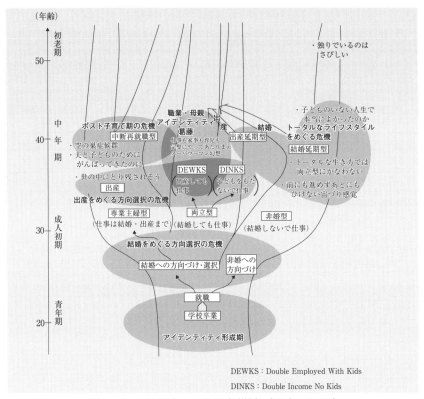

（年齢）

初老期

中年期

成人初期

青年期

・独りでいるのは
さびしい

職業・母親
アイデンティティの
葛藤

ポスト子育て期の危機
・空の巣症候群
・夫と子どものために
　がんばってきたのに
・世の中にとり残されそう

中断再就職型

仕事も家事も育児も
完璧にやってあたりまえ
スーパーウーマン幻想

出産延期型

出産

結婚

・子どものいない人生で
本当によかったのか

トータルなライフスタイル
をめぐる危機

結婚延期型

・トータルな生き方では
両立型にかなわない
・前にも進めずあとにも
ひけない宙づり感覚

DEWKS
出産しても
仕事

DINKS
子どもをもた
ないで仕事

出産をめぐる方向選択の危機

専業主婦型
（仕事は結婚・出産まで）

両立型
（結婚しても仕事）

非婚型
（結婚しないで仕事）

結婚をめぐる方向選択の危機

結婚への方向づけ・選択

非婚への
方向づけ

就職

学校卒業

アイデンティティ形成期

DEWKS：Double Employed With Kids

DINKS：Double Income No Kids

図1-4　ライフコースの多様性（岡本，1992）

ルを選択する人生も考えられる。わが国では，晩婚化とともに，中高年において独身であり続けている人々もかなり増加しており，シングルで生きる人々（その一部は，パラサイト・シングルとして社会的に注目されている）のライフコースにも光を当てていく必要があると言える。

4. 社会変動と個人の発達

（1） 生涯発達の規定要因

　第2節と第3節において，中高年者が生きてきた社会的背景や現在の状況について概観した。著しい社会変動の中，個人の生き方や家族のかたちをめぐり，その多様化と受け皿としての社会のありようが模索されている。現代を生きる中高年者の心理を理解しようとする際には，そうした状況も含め，我々の一生がどのような要因によって影響を受け，形作られているのかを整理しておく必要があると言える。

　Baltes, Reese & Lipsitt（1980）は，人の生涯発達を規定する要因として，「標準年齢的要因」，「標準歴史的要因」，「非標準的要因」とに分類している。「標準年齢的要因」は，暦年齢にもとづくもので，思春期や更年期といった生物学的な次元だけでなく，就学や定年退職といった社会的な次元も含まれる。「標準歴史的要因」は，大きく2つに大別され，近代化といった長期に及ぶ変化と大恐慌等の特定の時期に限られた変化とがある。最後の「非標準的要因」については，上記には含まれない，予測不可能で個人差が大きい出来事が挙げられる。

　これらの要因による影響力は人生を通して一様ではなく，ライフステージによって異なることが示唆されている（図1-5）。この枠組みに従えば，加齢により「非標準的要因」の影響力が増大していくこととなる。すなわち，人生後半期には，それだけ発達の個人差が広がりを見せることを意味する。また，これらの要因は，相互に影響を及ぼしあう関係であると言え，「標準歴史的要因」は，同一世代における共通性をもたらす可能性を持つ。この同一の世代の人々は，ある種同一の性質を有するコホート（集団）としてまとめられ，出生以外にも，結婚や親になった時期によって分類されることもある。

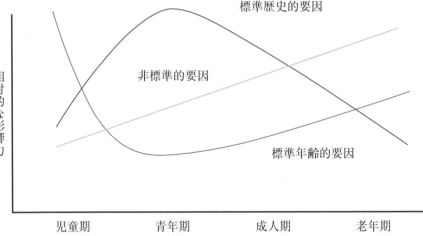

図1-5　人生への影響力の発達的変化（Baltes et al., 1980）

（2）社会変動と個人，家族のあり方との相互関係

　標準歴史的要因とされる社会変動は，個人や家族のあり方とどのように結びついているのであろうか。社会変動は，人の一生と比較すれば，非常に長く緩やかな変化の性質を持つため，そのことに敏感になりにくいかもしれない。図1-6は，社会変動と個人および家族の発達との関連を示したものである。大きな時代のうねりの中で，生活の諸条件が変容を遂げるだけでなく，それは家族の構造や，家族をめぐる価値や関係性の質も左右している。とりわけ家庭でのしつけ等を通して，子どもの社会化（発達）にも大きなインパクトを有していることが理解できる。その一方で，図1-6の点線の矢印が示すように，影響の流れは一方向ではなく，フィードバックによって社会のあり方にも作用している。このことは，個人や家族のあり方が，逆に社会の方向性を規定する力を持っていることを示唆している。

（3）　社会変動の中を生きる中高年者への心理臨床的支援の有用性

　これまで，中高年者の人々が生きてきた社会背景を概観するとともに，生涯発達における社会的文脈の意味について論じた。彼らは中年期や老年期に特有の発達的な課題に加え，IT化やグローバル化といった社会

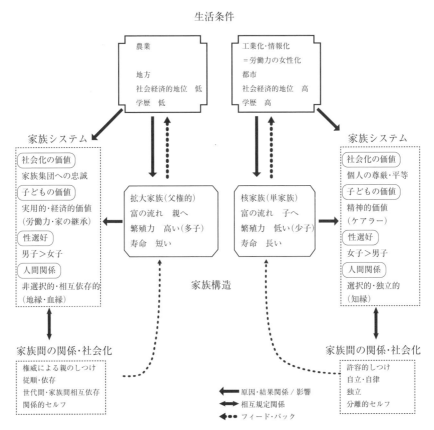

図1-6　社会変動 - 家族 - 個人の発達モデル（柏木，1998）

注）Kağitçibaşi（1990）をもとに柏木（1998）が加筆した。

的な動向への対応にも迫られる状況に置かれている。特に現在中高年に
位置する人々の中には，慣れ親しんだ状況からの変化に際し，困難さを
抱く人々も少なくないのではないだろうか。長い人生を歩んできている
人々だけに，彼らへの心理臨床的支援にあたっては，一個人としての生
涯発達を主軸におきながらも，どのような社会背景のもとに，その発達
が展開されてきたかを慎重に取り扱う必要があると考えられる。

●学習課題

1. 社会変動は我々の人生にどのような影響をもたらしてきただろうか。
   IT 化やグローバル化，ジェンダー役割のボーダレス化等の現象を取
   り上げて，それに遭遇したライフステージによる発達的影響の違い
   について検討してみよう。
2. 中高年者への心理臨床的支援をめぐる問題を考えていく上で，彼ら
   の生きてきた時代背景について，どのようなスタンスで臨む必要が
   あるだろうか考えてみよう。

引用文献

1. Baltes, P. B., Reese, H. W., & Lipsitt, L. P. (1980). Life-span developmental psychology. Annual Review of Psychology, 31, 65-110.

2. Kaĝitçibaşi, C. (1990). Family and socialization in cross‐cultural perspective: A model of change. In J. Berman (Ed.), Nebraska symposium on motivation, 1989: Cross‐cultural perspectives. Lincoln, NE: Nebraska University Press, Pp. 135-200.

3. 柏木惠子 (1998). 社会変動と家族・個人の変化・発達. 結婚. 柏木惠子 (編). 結婚・家族の心理学. ミネルヴァ書房, Pp.11-16.

4. 厚生労働省 (2011). 平成 23 年版 厚生労働白書 日経印刷

5. 内閣府 (2019). 令和元年版 高齢社会白書 日経印刷

6. 岡本祐子 (2002). 現代社会と女性―見えない壁― 岡本祐子 (編) 新女性のためのライフサイクル心理学 福村出版, Pp.10-18.

2 | 中年期という時期
―その発達的位置づけと心理的特徴―

宇都宮 博

《**目標 & ポイント**》 平均寿命を人生のゴール地点として想定した場合，中年期は人生の峠や折り返し地点に例えられることがある。私たちは人生の半ばへと移行する中で，どのような心理的体験をするのであろうか。本章では，生涯における中年期の発達的な位置づけや，彼らが直面している心理社会的課題について，中年期を説明する発達の諸理論や実証データを通して論じる。
《**キーワード**》 中年期，心理社会的課題，ジェネラティビティ，人生移行，ターニングポイント

---

1. 長寿化と中年期の位置づけ

　先進国を中心に，多くの国々で高齢化が認められている。その中でもわが国は，他国に比べて非常に短期間で高齢化の波が押し寄せてきた特徴を持つ。長寿化の背景には，医療技術の発展や栄養状態，居住環境，労働環境の改善等が挙げられる。図 2-1 は，わが国の平均寿命の推移とともにこれからの予想を示したものであるが（内閣府，2019），わずか70 年足らずの間に，男女ともに 20 年以上も伸びたことが分かる。平均寿命の上昇は，緩やかながらも今後も継続すると考えられている。

　こうした状況にあって，近年，誕生から死までの人生全般を見通した生涯発達的視座の重要性が認識されつつあるが，人々の一生を捉える際，人生はいくつかの発達段階に区分されてきた。戦後間もない頃，わ

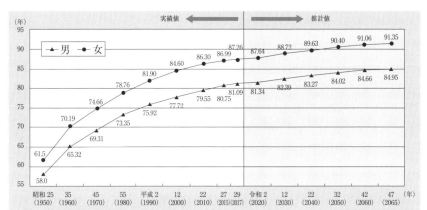

資料：1950 年は厚生労働省「簡易生命表」，1960 年から 2015 年までは厚生労働省「完全
　　　生命表」，2017 年は厚生労働省「簡易生命表」，2020 年以降は，国立社会保障・人
　　　口問題研究所「日本の将来推計人口（平成 29 年推計）」の出生中位・死亡中位仮定
　　　による推計結果
（注）1970 年以前は沖縄県を除く値である。0 歳の平均余命が「平均寿命」である。

図 2-1　平均寿命の推移と将来推計（内閣府，2019）

が国の平均寿命は 60 歳前後であり，この年齢は現在で言えば，中年期
の終わり，あるいは老年期への過渡期とされる時期に位置する。すなわ
ち，中年期の設定は，寿命との兼ね合いから相対的になされるものであ
り，長期的な視野に立つ必要性が求められる現代社会だからこそ，注目
されるようになってきているのかもしれない。

2.　人生半ばを生きるということ
　　―ジェネラティビティの発達と危機―

（1）　サンドイッチ世代の人々

　中年期は，彼らの置かれた状況から，"サンドイッチ世代"（Miller,
1981）とも呼ばれる。例えば，家族の人間関係をみると，子ども世代に

対する養育と，老親世代に対する扶養・介護という，自分より上の世代と下の世代から異なるケア役割（親役割，成人子役割）の遂行が期待される。彼らは，家族内においてケアを提供する立場として，当事者間のみならず，社会的にも認識されているように思われる。職業的な地位についても，中間管理職という性質上，同じような状況に立たされていることが考えられる。重い責任がのしかかるようになり，それぞれのフィールドで経験豊富な存在として活躍が期待される一方，特に若年世代に対しては，指導的立場での貢献が求められている。まさに中年期は，責任の世代であると言えよう（Kotre & Hall,1990）。

（2）ジェネラティビティの発達とその多様性

　Erikson（1950）は，中年期の心理社会的課題として，「ジェネラティビティ（generativity）」対「停滞」を位置づけている。この課題を通して獲得される人格的活力は「世話」である。ジェネラティビティは，エリクソンの造語であるが，日本語訳としては生殖性や世代性，生成継承性等がある。原義的には子孫をはじめとして，何かを産み育て，次世代へと継承していくことへの関心を指すが，幅広い意味での生産性や創造性を内包している概念である。従って，必ずしも妊娠・出産や子育てといった生殖的あるいは親的な役割にとどまらず，例えば職場で部下に指導や助言を行う等の職業的な領域や文化的な遺産となるものの創造や保存といった性質も含まれる（Kotre, 1984; Kotre & Hall, 1990）。ジェネラティビティの感覚にもとづき，次世代に対する遺産を継承する営みを通して，対極にある停滞への恐怖を埋め合わせることが可能になるとされる。

　しかしながら，ジェネラティビティは，中年期を迎えたすべての人々が一様に獲得されるものではなく，そこには個人差が認められる。Bradley ら（Bradley,1997; Bradley & Marcia,1998）は，ジェネラティ

ビティを捉える枠組みとして，「関与性（involvement）」と「包括性（Inclusivity）」という2つの基準を設定している。関与性とは，ジェネラティビティの実際の行動の次元を捉えようとするものであり，自己と他者の成長への関心の度合いが問題とされる。一方の包括性とは，世話的関心の範囲の次元であり，限定的か全体的かに焦点が当てられる。その組み合わせによって，「生成的（Generative）」，「作動的（Agentic）」，「共同的（Communal）」，「慣習的（Conventional）」，「停滞的（Stagnant）」という5つの異なるステイタスに分けられる。ただし，ステイタスは固定的なものではなく，生涯にわたり変容する可能性を有している。個人差をめぐっては，その変容や関連要因も含め，慎重な理解が求められる。

①生成的：関与性と包括性が，いずれも自己と他者ともに高い。

②作動的：関与性と包括性が，ともに自己のみに高く，他者に低い。

③共同的：関与性と包括性が，ともに他者のみに高く，自己に低い。

④慣習的：関与性が自己と他者ともに高く，包括性は自己と他者ともに低い。

⑤停滞的：関与性が自己と他者ともに低く，包括性も自己と他者の両方で低い，あるいは放任されている。

Erikson のジェネラティビティの概念は，中年期の人々にとって自己の発達と他者の発達への支援との間でいかに折り合いをつけ，深い関心や配慮を持って持続的に関与できるかといった問題が，重要となることを示唆している。ジェネラティビティは，共生社会の実現が求められている現代において，非常になじむものと考えられるが，その一方でジェネラティビティの課題に取り組む人々を支える社会体制のあり方も，同時に目を向けていく必要があると言える。

3. 中年期の心理的変化の構造

　人生の主要な転換期を中年期で迎えやすい点については，古くは分析心理学の創始者である Jung（1931）によって論じられている。彼はこの時期に発達の根本的な変化が生じるとして，中年期を「人生の正午」とした。太陽の下降が始まると影のあらわれ方がまったく逆向きとなっていく。このように中年期を境に価値の転換が起こり，それまでの外部環境への適応に重きを置いていた自己のあり方から，自らの内的欲求や理想の実現を目指すあり方へとシフトすると言う。すなわち，中年期には内省が深まることで，個性化や統合の感覚が増すことが示唆されている。

　表 2-1（岡本，1995）は，成人期の発達プロセスに関する代表的な研究での各発達段階の特徴を示したものであるが，特に中年期の位置づけに注目してもらいたい。例えば，Levinson（1978）は，ライフサイクルを人生の四季として捉え，生活構造の発達という観点から，「児童期・青年期」，「成人前期」，「中年期」，「老年期」に分けた発達段階説を提示している。中年期（40〜60歳）は，「人生半ばの過渡期（40〜45歳）」，「中年に入る時期（45〜50歳）」，「50歳の過渡期（50〜55歳）」，「中年の最盛期（55〜60歳）」に細分化されている。このうち，「人生半ばの過渡期」は，成人前期と中年期とをつなぐ重要な役割を担っている。彼らは，人生半ばの個性化において，「若さ 対 老い」，「破壊 対 創造」，「男らしさ 対 女らしさ」，「愛着 対 分離」という4つの両極性を解決することが主要な課題であると指摘している。

　中年期の葛藤をめぐっては，Erikson, E. H. の心理社会的発達理論をもとに Peck（1968）も，顕在化しやすい葛藤について言及している。すなわち，中年期の葛藤テーマとしては，「知恵の尊重 対 体力の尊重」，

表2-1　成人期の発達プロセス研究における中年期の位置づけ（岡本，1995）

発達期／研究者	青年期	成人初期	成人中期	成人後期
Levinson,D.J. (1978)	成人への過渡期 (17-22才) ・未成年時代の自分の位置・自分にとっての重要な人物・集団・制度などとの関係の修正。・成人としての可能性の模索，暫定的選択。・成人としての最初のアイデンティティの確立。	**大人の世界へ入る時期 (22-28才)** ・自分と大人の社会をつなぐ仮の生活構造を作る。・職業・異性・仲間関係・価値観・生活様式などの初めて選択したものへの試験的な関与。・人生の「夢」への展望。　**30才の過渡期 (28-33才)** ・現実に即した生活構造の修正。・新しい生活構造の設計。・重要な転換点(30才代の危機)。・ストレス大。　**一家を構える時期 (33-40才)** ・安定期。・仕事における自己拡大。・昇進。・活力大。生産性。・自分にとって最も重要なもの(仕事・家族etc.)に全力を注ぐ。・指導者との関係の限界。	**人生半ばの過渡期 (40-45才)** ・重要な転換点。・人生の目標や夢の再吟味。・対人関係の再評価。・体力の衰えへの直面。・これまで潜在していた面を発揮する形で生活構造の修正。　**中年に入る時期 (45-50才)** ・安定感の増大。・成熟・生産性。・生活の満足感。　**50才の過渡期 (50-55才)** ・現実の生活構造の修正。・転換期。　**中年の最盛期 (55-60才)** ・中年期第2の生活構造を築き上げる。・中年期の完結・目標の成就。・安定性。	老年への過渡期 (60-65才) ・老年期に向けての生活設計。
Sheehy,G. (1974)	根をひきぬく時期 (18-20才) ・独立と自律への欲求。・アイデンティティの確立対役割の混乱。	**試練の20代 (20-28才)** ・生活パターンの形成。・将来展望や目標の形成模索。・年齢相応の期待への省察。・活力。　**30代の過渡期 (28-32才)** ・不安定感の増大。・積極的関与するものの再評価。・自己拡大への欲求。　**根づきと自己拡大 (32-35才)** ・生活の構造化・安定化。・仕事の上での自己拡大。・家族への関心の増大。・社会生活への適応。	**「締め切り」の10年 (35-45才)** ・残された時間ののばより。・体力の衰え。・不安定さ・切迫感の増大。・人生の目標の再吟味。　**再生かあきらめか (45-50才)** ・新たな人生の意味の発見。・満足感と脱錯覚による不満・絶望。	
Gould,R.L. (1978)	「両親の世界からの離脱」 (16-22才) ・自立への欲求。・生家族からの自立の準備。・将来への漠然とした構想。・大人の世界へ入るための準備。・仲間志向性。	**「私は今や誰の子供でもない」 (22-28才)** ・有能さや統制力への欲求。・仕事における自己拡大の始まり。・自己に対する自信。　**「中身が何であるか開けてみる」 (29-34才)** ・30才の転換点(危機)。・自分が積極的に関与しているものの再評価。・経済的関心の増加。　**「中年期」 (35-42才)** ・価値観や自分が積極的に関与しているものの再評価。・残された時間の限界の認識。・第2の青年期。・37才の「中年期危機」。・結婚生活への満足感は低い。	**(43-50才)** ・自己内部への受容。・あきらめ。・安定感の増大。・対人関係への関心の再増加。・経済的関心の減少。　**(50才-)** ・安定性の増大。・健康・成長性・時間への関心。・達成したものへの満足感の増大。・結婚生活への満足感の増大。	
Vaillant,G.E. (1977)	発達の特徴 (20-30才) ・結婚・対人関係が活力の基本的源泉。・親密性が中核的関心。	発達の特徴 (30-40才) ・職業における成功・昇進や自己の向上が基本的関心。・仕事における地固め。・よき指導者・相談者との関係の重要性。	発達の特徴 (40-50才) ・「第2の青年期」。・「中年危機期」。・抑鬱傾向。・家族への関心の再増加。	
Jaques,E. (1965)		中年期危機期 (35-45才) ・成熟した成人期への移行期。・「個人的な死」の認識。・死の絶望と鬱の徹底操作。・人間と自己の不完全さ・有限性の受容。	成人後期の危機期 ・老年期への移行。	

「社会的対人関係 対 性的対人関係」，「情緒的柔軟性 対 情緒的貧困性」，「精神的柔軟性 対 精神的硬さ」の4つを指摘している。中年期の捉え

方については，他の発達段階に比べて，比較的平穏で変化の少ない，安定した時期として認識されてきたように思われる。しかしながら，人生の重要な過渡期として，大きな転換点を迎える可能性があり，中年期は発達的に非常に注目されるところである。

4. 人生の移行期としての中年期
　ーターニングポイントと心理的変化ー

（1）　トラジェクトリーとターニングポイント

　ライフコースには，我々が選択する地位やそこで経験するライフイベントが大きく関与しているが，人生を俯瞰すると，そこには連続性と非連続性が認められる。人生における一定の持続傾向はトラジェクトリーと呼ばれ，ライフコースの安定した構成要素とされる。トラジェクトリーがいったん形成されると，過去からの累積的な影響によって，大きな変化が生じにくくなると考えられている。しかしながら，そこに非連続をもたらすものがあり，それがターニングポイントと呼ばれるものである。ターニングポイントは，それまでに一定の安定した傾向があったからこそ，回顧的にそれがターニングポイントとして機能したことが理解できる。すなわち，トラジェクトリーとターニングポイントとは，ライフコースを説明する上で，不可分の相補的な概念と考えられる。

（2）　ライフイベントとターニングポイント

　我々は誕生から死に至るまでの間に，様々なライフイベントを経験していく。Clausen（1986）によれば，個人にとってのライフイベントの性質は，①予測可能であるか否かと，②選択可能であるか否かによって整理することができると言う。両者の組み合わせから，基本的にともに可能とされるイベントには，例として結婚や就職等が考えられる。この他，予想は難しいが選択できるものとして，転職や離婚，選択は困難で

あるが予想可能なものとして，思春期や老化による能力の喪失，そして
ともに困難なものとして失業や近親者の突然死等が挙げられる。

　これらのライフイベントは，当事者の視点からみると，肯定的，否定
的，中立的，そして肯定と否定を含む両価的な性質に大別される。人生
の後半になるにつれて，これまでに獲得し，維持してきたものや状態が
損なわれる事態が多くなり，否定的な意味合いを持つライフイベントが
増えていくことが指摘される。

　そうした否定的なライフイベントによっては，深刻な危機的状況をも
たらし，それまでの価値観やライフスタイルを根本から見直す必要性に
迫られる場合もある。ただし，同一のライフイベントがすべての人にと
って等しいインパクトを持つわけではなく，人生のターニングポイント
になるか否か，さらには適応的な過程をたどることができるかどうかは，
個人の特性やそれぞれの置かれた諸状況によっても大きく異なるものと
思われる。

　しかし，必ずしも危機的状況への遭遇がなくとも，ターニングポイン
トは生じうるもので，自らが変わりたいと思う動機づけの重要性も指摘
されている（杉浦, 2004）。いずれにせよ，健康や家庭生活，職業生活
といった文脈での「喪失への適応」は，中高年の人々に対する心理臨床
的支援の大きな課題として位置づけられ，ターニングポイントでの心理
的プロセスに関する理解は，とても重要な課題であると言える。

（3）　ターニングポイントとなる危機的状況と心理的プロセス

　ターニングポイントには様々な要因があるとともに，影響を受ける次
元も大きく異なる。ここでは，まず自己の中核的かつ包括的な問題であ
るアイデンティティの発達を通して考えてみたい。その上で，持続的な
対人関係の典型とされる，夫婦関係に関するターニングポイントでの対
応をめぐる相互性についても考えてみたい。

　岡本（1985;1994）は，中年期に生じやすい否定的な変化として，「身体感覚の変化」，「時間的展望のせばまりと逆転」，「生産性における限界感の認識」，「老いと死への不安」を見出している（第3章参照）。また，彼女は，研究対象となった人々の多くにそうした事象を契機として，アイデンティティが問い直され，深まっていくプロセスを確認している。すなわち，「第1段階：身体感覚の変化の認識に伴う危機期」，「第2段階：自分の再吟味と再方向づけへの模索期」，「第3段階：軌道修正・軌道転換期」，「第4段階：アイデンティティ再確立期」である。

　上記の否定的変化を体験した人々の中に，アイデンティティの再体制化を遂げた者が含まれている点は注目に値する。すなわち，中年期には必ずしも否定的変化を経験する者と肯定的変化を経験する者とに二極化するわけではなく，プロセスの中にそれらの変化を見出す必要性が示唆される。すなわち，上記のような危機的な状況は，即破局を意味するのではなく，その後の人生を新たに方向づける重要な発達的岐路であると考えられる。

　一方，中年期以降には熟年離婚や定年離婚といったように結婚生活の破綻の危機が注目されている。その引き金には，子どもの巣立ちや更年期障害等様々な要因が挙げられ，人生のクライマックスであり幕切れを迎える老年期に「誰とどのように生きたいか」という究極的な問いから揺らぎが生じる場合もある。まさに結婚生活の解消も含め，関係の見直しや再構築が重要な課題となっていると言える。

　夫婦関係については第5章でも取り扱っているが，宇都宮（2004）は高齢者へのライフレビューを通して，主として中年期以降に配偶者との関係性の変容プロセスがあることを明らかにしている（表2-2）。ただし，対象者のすべてが同様の段階を経たわけではなく，個人の内的な危機のみを挙げたり，夫婦の問題と位置づけたとしても問い直しや軌道修正を

表2-2　夫婦人生の節目における関係性発達の各段階と人数分布
（宇都宮，2004）

展開過程における到達状況	人数
＊：個人の内的危機の夫婦人生の節目もなし	5
Ⅰ：「個人の内的危機を認知する段階」まで到達	7
Ⅱ：「個人の内的危機を夫婦関係の問題として位置づける段階」まで到達	7
Ⅲ：「これまでの夫婦関係を見つめ直す段階」まで到達	1
Ⅳ：「夫婦関係を修正・向上させる段階」まで到達	0
Ⅴ：「人格的関係としての安定とそれにもとづく積極的関与の段階」まで到達	6
計	26

注）夫婦人生に大きな節目があったと回答したのは，ⅡからⅤに位置する14名である。

行っていなかったりと個人差が認められた。表2-3は，第5段階まで到達した人々の具体的な語りを示したものである。配偶者の定年退職や町議会選挙への出馬，子どもの結婚と，様々なライフイベントを配偶者との関係性を見つめる契機にしていた。

　危機への取り組む姿勢には個人差があると言えるが，はたして危機的状況に求められる力とはどのようなものであろうか。再びアイデンティティに話を戻すが，岡本（2010）は，アイデンティティの危機への対応力として，①危機にいかに深く気づき，体験し，主体的に再体制化が取り組めるかどうかという点と，②自己の内的危機を契機に，アイデンティティを問い直し，再統合していく力が重要であると指摘している。

　これに対し，関係性のプロセスの進展においては，個人内のアイデンティティの問題とは異なり，パートナーのあり方によっても大きく左右される可能性がある。そのため，配偶者との認識や態度の一貫性や離齬といった現状把握から，結婚生活の解消／継続の意思決定を含む，夫婦としての将来展望を行うことが重要である。さらに，実際の具体的な意

表2-3　夫婦人生のターニングポイントにおける関係性発達の展開
過程（宇都宮，2004）

段階	内容	事例12(61歳,女性,専業主婦)	事例20(70歳,男性,元公務員)	事例26(62歳,女性,元小学校教師)
Ⅰ	個人の内的危機を認知する段階	夫の定年退職	娘（末子）の結婚	夫の町議会員選挙への出馬
Ⅱ	個人の内的危機を夫婦関係のもんだいとして位置づける段階	「夫の色々な悪い面が見えてきた。」夫の生活構造の変化により，自分の生活の安定が脅かされ，夫の退職を自分の問題として認知した。	「責任を果たしたという安心感，しかも夫婦共通のね。夫婦共通の人間的責任を果たしたなぁ。」自分の親体験を語る上で，配偶者の存在を欠くことはできなかった。	夫の選挙活動のために定年を前に57歳で教員生活にピリオドをうち，全エネルギーを注ぐが夫は落選。夫婦ともに，それにともなう挫折感を体験した。
Ⅲ	これまでの夫婦関係を見つめ直す段階	「その時点では夫には言わなかったが離婚も考えた。」「このままではいけないと思った。」夫が退職する前の生活と退職してから現在にいたるまでの生活をふりかえり，両者を照らし合わせた。	「よかったなぁ，夫婦二人で今日までやってきて。」これまでの二人の人生の歩みをふりかえり，その価値の重みをかみしめた。	「これから夫婦でどう生きていこうか。主人をどう活かしていこうかと考えた。」自己と配偶者の互いの人生が，これまでのあり方では支えきれなくなったことを実感した。
Ⅳ	夫婦関係を修正・向上させる段階	「通信教育の大学入学と，東洋医学の学習を二人で始めた。」配偶者との関係から回避するのではなく，二人の共有できる活動を積極的にみつけだした。	「ここで夫婦になったという因縁を喜ぼうじゃないか。」すべての子どもが巣立った後の残された夫婦人生に目を向けて，より一層夫婦二人で念仏に励むようになった。	「自分の不徳によるものと反省し，いろいろと勉強するようになった。」個としての，あるいは夫婦としての人生の，新たな方向性をみつけるために，主体的に学習活動に励むようになった。
Ⅴ	人格的関係としてのとそれにもとづく積極的関与の段階	「夫婦の心理的な接点がある。(夫が)いなければ生きていけないだろう。いるだけで感謝である。」	「夫婦二人で念仏を喜んでいる。はあ，これが夫婦なんだと。他の誰よりも心が通い合っている。とって替えられない（存在となっている）。」	「(夫の落選により二人とも無職となって，)夫に対して尽くしたいという自分の気持ちが深まった。今は幸せ。」

注）「」内は，対象者の言葉をそのまま掲載している。

　　（）内は，筆者が対象者に対して不明瞭な点を尋ね，確認できた内容を補足的に追加したものである。

思の疎通（相互交渉）を通して，解決策を模索する主体性が双方に求められるのではないかと考えられる。中年期危機への対応をめぐっては，個人内外の資源の生成や拡張のあり方が大きく関与していると考えられる。状況に応じて，外的資源である心理臨床的支援の役割が大いに期待されるところである。

●学習課題

1. これまでのあなたの人生において，ターニングポイントはいくつあっただろうか。複数ある方は1つを取り上げ，そこでの心理的な変化を時間軸に沿って記述してみよう。
2. 中年期のジェネラティビティの個人差を生む要因には，どのようなものがあるか考えてみよう。

引用文献

1. Bradley, C. L. (1997). Generativity–Stagnation: Development of a Status Model. Developmental Review, 17, 262-290.
2. Bradley, C. L., & Marcia, J. E. (1998). Generativity-Stagnation: A Five-Category Model. Journal of Personality, 66, 39-39.
3. Clausen, J. A. (1986). The life course: a sociological perspective, Englewood Cliffs, N.J.: Prentice-Hall
4. Erikson, E. H. (1950). Childhood and Society. New York：W. W. Norton.（仁科弥生（訳）(1977；1980). 幼児期と社会 I・II みすず書房）
5. Jung, C. G. (1931). The Stages of Life. The Collected Works of Carl G. Jung, Vol. 8, Princeton University Press, 1960.
6. Kotre, J. (1984). Outliving the self: Generativity and the interpretation of lives. Baltimore, MD: Johns Hopkins University
7. Kotre, J. N. & Hall, E (1990). Seasons of Life: The Dramatic Journey from Birth to Death, Boston: Little, Brown.
8. Levinson, D. J. (1978). The Seasons of a Man's Life. New York: Alfred A. Knopf.（南博（訳）(1980). 人生の四季—中年をいかに生きるか 講談社）
9. Miller, D.A. (1981). The "Sandwich" generation: Adult children of the aging. Social Work, 26, 419-423.
10. 内閣府 (2019). 令和元年版 高齢社会白書 日経印刷
11. 岡本祐子 (1985). 中年期の自我同一性に関する研究 教育心理学研究, 33, 295-

306.

12. 岡本祐子（1994）. 成人期における自我同一性の発達過程とその要因に関する研究 風間書房

13. 岡本祐子（1995）. 生涯発達心理学の動向と展望－成人発達研究を中心としてー 教育心理学年報, 33, 132-143.

14. 岡本祐子（2010）. 発達的危機から見たアイデンティティの生涯発達 岡本祐子（編）成人発達臨床心理学ハンドブック―個と関係性からライフサイクルを見る ナカニシヤ出版, Pp.39-50.

15. Peck, R. C. 1968 Psychological development in the second half of life. In Neugarten, B. L.（Ed.）Middle age and aging. Chicago: University of Chicago Press.

16. 杉浦健（2004）. 転機の心理学 ナカニシヤ出版

17. 宇都宮博（2004）. 高齢期の夫婦関係に関する発達心理学的研究 風間書房

3 | 中年期を生きる人々を支える

宇都宮 博

《**目標＆ポイント**》 中年期の人々は，家族や職場等様々な領域で，責任の重い役割を担う者も多い。また，そうした状況から他者の発達を支援する側としての立場に光が当てられがちである。その一方で，人生半ばに差し掛かることで生じる身体面や社会面での諸変化に直面し，様々な危機的状況に陥る場合も少なくない。本章では，中年期における疾病の特徴や彼らのアイデンティティをめぐる問題をふまえ，「中年期危機」の構造や発達的特性を考慮した支援の課題について論じる。

《**キーワード**》 中年期危機，更年期障害，ストレス，メンタルヘルス，アイデンティティの再体制化

1. 中年期のメンタルヘルス

内閣府は，「ひきこもり」（自宅に半年以上閉じこもっている状態）にある 40〜64 歳の者が，全国で 61 万 3 千人いるとの推計を公表している（日本経済新聞，2019）。根拠とされる調査結果によると，そのきっかけ（複数回答）は，「退職した」（36.2％），「人間関係がうまくいかなかった」（21.3％），「病気」（21.3％），「職場になじめなかった」（19.1％），「就職活動がうまくいかなかった」（6.4％）等となっている（内閣府，2019）。ひきこもりをめぐっては，中高年期以前から継続している場合もあるため，慎重な解釈が求められる。とりわけ，現在中年期の前半にいる人々は，バブル崩壊の影響を受けた，いわゆる"ロストジェネレーション"

と呼ばれる人々であり，学校卒業後に正規雇用を得られないまま，現在に至っている者も少なくないと思われる。

図3-1は，2017年に実施された患者調査（厚生労働省，2019）で「神経症性障害，ストレス関連障害及び身体表現性障害」と「気分［感情］障害（躁うつ病を含む）」に該当する者を，性別と年齢層別に表したものである。どちらのカテゴリーも，40代から50代にかけてピークを迎えるとともに，定年退職を迎えた65〜69歳でも多くなっていることが分かる。また，女性の場合，高齢期においても「気分［感情］障害（躁うつ病を含む）」を有する者が比較的多く認められる。

高齢期については他章に譲るとして，中高年者たちは第2章で示されているように，社会からも家族からも責任の重い役割が期待され，多方面から"支え手"としてのプレッシャーを受けやすい状況に置かれてい

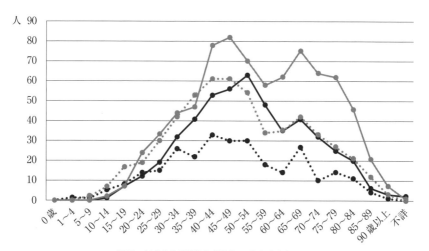

図3−1　性別，年齢区分別にみた「神経症性障害，ストレス関連障害及び身体表現性障害」と「気分［感情］障害（躁うつ病を含む）」（厚生労働省，2019）

る。その一方で，支えられる側としての理解は，十分に得られていない現状にあると言えよう。

　中年期への過渡期とされる 30 代から，40 代，50 代にかけては，悩みやストレスが比較的高まりやすい時期であることが指摘されているが（厚生労働省政策統括官，2018），自殺者の動向からも中高年世代に着目する必要性が示唆されている。厚生労働省（2019）の 2019 年版自殺対策白書（表 3-1）によると，自殺者は「50 歳代」が最も多く（3,835 人），

表 3-1　年齢階級別，原因・動機別にみた自殺者数の分布（厚生労働省，2019）

（単位：人）

原因・動機別 ＼ 年齢階級別		~19歳	20~29歳	30~39歳	40~49歳	50~59歳	60~69歳	70~79歳	80歳~	不詳	合計
合計	計	568	2,274	2,733	3,746	3,835	3,078	2,795	2,136	5	21,170
	男	320	1,542	2,001	2,652	2,700	2,057	1,740	1,234	3	14,249
	女	248	732	732	1,094	1,135	1,021	1,055	902	2	6,921
家庭問題	計	116	253	410	615	522	432	418	379	2	3,147
	男	66	160	274	384	307	253	246	225	1	1,916
	女	50	93	136	231	215	179	172	154	1	1,231
健康問題	計	119	712	1,073	1,580	1,755	1,751	1,927	1,504	2	10,423
	男	48	381	658	939	1.036	1,033	1,145	849	1	6,090
	女	71	331	415	641	719	718	782	655	1	4,333
経済・生活問題	計	16	352	479	737	900	617	264	67	0	3,432
	男	12	299	440	648	806	540	211	42	0	2,998
	女	4	53	39	89	94	77	53	25	0	434
勤務問題	計	32	414	425	522	456	134	29	6	0	2,018
	男	28	334	374	473	400	122	28	6	0	1,765
	女	4	80	51	49	56	12	1	0	0	253
男女問題	計	52	228	196	140	68	15	9	7	0	715
	男	23	127	143	87	47	12	9	6	0	454
	女	29	101	53	53	21	3	0	1	0	261
学校問題	計	188	163	3	0	0	0	0	0	0	354
	男	119	122	3	0	0	0	0	0	0	244
	女	69	41	0	0	0	0	0	0	0	110
その他	計	45	152	147	152	134	129	148	173	1	1,081
	男	24	119	109	121	104	97	101	106	1	782
	女	21	33	38	31	30	32	47	67	0	299

注）遺書等の自殺を裏付ける資料により明らかに推定できる原因・動機を自殺者一人につき 3 つまで計上可能としているため、原因・動機特定者の原因・動機別の和と原因・動機特定者数（15,551 人）とは一致しない。

続く「40歳代」も 3,746 人に上っている。第 3 位は「60 歳代」(3,078 人)であり，中高年世代の自殺者の数が目立つ。どの世代も男性が多く，上記の 3 つの世代ではいずれも男性が女性の 2 倍を超えていることが特徴として挙げられる。

また，これら 3 つの世代の自殺の原因・動機については，「健康問題」，「経済・生活問題」，「家庭問題」が上位を占め，さらに「40 歳代」と「50 歳代」では，若年世代と同様に「勤務問題」も加わる。自殺の理由としては，精神疾患を含む健康上の問題が最も多く示されているものの，多様な要因が複雑に影響しあっていることが考えられる。

2. 中年期危機

(1) 中年期危機への構造的理解

中年期をめぐっては，第 2 章で取り上げたように，人生の半ばに位置することで様々なレベルでの変化を体験しやすく，彼らの心理的適応の困難さを丁寧に理解する必要があると言える。図 3-2（岡本，2002）は，中年期危機を構造的に表したモデルである。この枠組みによれば，中年期にみられる諸変化は，同一個人の様々な次元で生じる可能性を有しており，それは内的な心理的次元や生物学（身体）的次元から，対人的あるいは対社会的次元，すなわち家族関係や職業における問題まで多岐に及んでいる。

これらの危機的状況があらわれる領域やタイミング，深刻さ，重層性は個人差が大きく，彼らを取り巻く社会環境によって，危機の増幅や軽減のしやすさが異なってくるものと思われる。これらの多くは，ある程度予測可能な発達的危機とも言えるが，思いがけない事態（例えば，自己と家族の中途障害や近親者の死，リストラ，犯罪被害，震災等），すなわち偶発的な危機に直面する可能性もある。

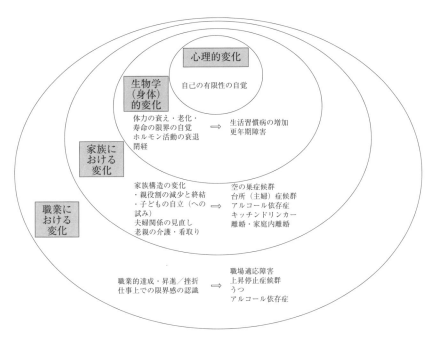

図3-2　中年期危機の構造（岡本, 2002）

（2）中年期に体験されやすい心理的変化の諸相

　上記の中年期の構造を指摘した岡本（1985）は，実証研究を通して，中年期に体験されやすい心理的変化を丁寧に分析し，5つの側面があることを見出している。

　①身体感覚の変化（体力の衰え・体調の変化）

　　　例）・体力に限界を感じるようになった。

　　　　　・運動したあとの疲労回復が遅くなった。

　②時間的展望のせばまりと逆転

　　　例）・何かをやり始めるには，もう遅すぎると常に感じる。

　　　　・残り時間が少ないという限界感は徐々に深まっている。

③生産性における限界感の認識

　　例）・以前のように仕事がはかどらないし，自分はこのへんまで
　　　　　しかできないのかという気になった。

　　　　・若い頃の理想はうすれて，現実的，消極的になってきた。

④老いと死への不安

　　例）・40歳をすぎると死はぐっと自分に近づいてくる。

　　　　・40歳をすぎて自分の死もやはり避けることができないのだ
　　　　　と感じるようになった。

⑤自己確立感・安定感の増大

　　例）・自分は自分でしかない。まわりの条件によって自分が動か
　　　　　されない。

　　　　・40歳をすぎて，過去の自分の生いたちから，独立した気が
　　　　　する。

　中年期はこうした変化をすることで，図3-2の中心にある「自己の有限性」を自覚しやすいため，発達的に非常に注目すべきライフステージとされる。このうち，⑤は肯定的変化と言え，第2章で紹介したアイデンティティの再体制化プロセスを経た上で体験される感覚と考えられる。なお，具体例に出されている年齢は，一般的というわけではなく，あくまで特定の調査対象者が主観的に設定したものである。

3. 生物学的存在としての自己の揺らぎ

　ここでは生物学（身体）的側面にみられる中年期での変化に着目したい。なお，職業生活と家族関係をめぐる問題については，それぞれ第4章と第5章において詳しく述べられている。

　人生の序盤で遭遇する"思春期"と並び，この時期はそれに対比させ

る形で"思秋期"と呼ばれることもあり，身体的変化は彼らの QOL（Quality of Life）や心理的適応にとって非常に重要な側面であると考えられる。女性の更年期にみられやすい不定愁訴の背景には，エストロゲンの急激な低下が大きく関与している。不定愁訴には，以下のような症状が挙げられる（牧田・堀口・青木, 2006）。

①頭部症状（重頭感，頭痛，めまい，耳鳴りなど）

②精神神経症状（イライラ感，不安感，抑うつ感，意欲低下など）

③全身症状（倦怠感，易疲労感など）

④血管運動神経症状（のぼせ，冷え，発汗など）

⑤呼吸循環器系症状（息切れ感，息苦しさ，動機，頻脈など）

⑥消化器系症状（咽頭違和感，嘔気，腹部膨満感など）

⑦末梢神経系症状（しびれ，知覚異常など）

⑧皮膚症状（皮膚のかゆみ，蟻走感）

⑨運動器系の症状（肩こり，腰背部痛，関節痛など）

不定愁訴が日常生活に重大な支障を及ぼすような状況の場合，更年期障害と呼ばれる。女性の不定愁訴の機序をめぐっては，図 3-3（塩田, 2011）に示すように，思春期，妊娠・出産，閉経といった事象を通して，生涯にわたり変容を遂げる可能性が指摘されており，女性は男性に比べて様々な症状が出やすいことが指摘されている（堂地・藤野, 2007）。

更年期障害の症状は，身体的要因のみならず，心理社会的要因が関与している場合が少なくない。例えば，中年期の時期に直面しやすいとされる「子どもの巣立ち」や「老親の在宅介護」，「職場環境への不適応」といった問題とともに，閉経に伴う喪失感や身体的不調が引き金となり生じる老いへの不安等も，更年期障害の深刻さを左右すると考えられる。不定愁訴の治療法としては，①カウンセリング・生活指導・心理療法，②ホルモン療法，③漢方療法，④向精神薬，⑤対処療法が挙げられるが

（塩田, 2011），そうした心理社会的要因が大きく関与しているような場合，心理臨床的支援の役割は非常に大きいものと思われる。

　近年になって，男性の更年期障害についても，関心が向けられるようになってきている。男性の更年期障害は，加齢男性性腺機能低下症候群（late-onset hypogonadism：LOH 症候群）と称されており，加齢によってテストステロン値が低下することで生じる諸症状を指すものである。スクリーニングテストとしては，Heinemann ら（1999；2003）のAging males' symptoms（AMS）が多く用いられている（日本泌尿器学会／日本 Men's health 医学会「LOH 症候群診療ガイドライン」検討ワーキング委員会, 2007）。同テストの内容からは，男性特有の事象が含まれていることが分かるが（表 3-2），中年期においては男女を問わず，

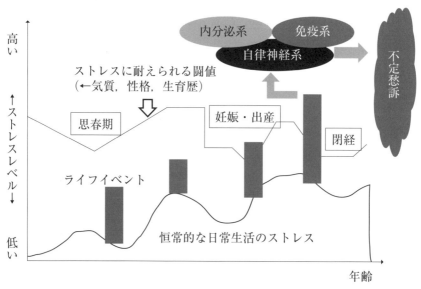

図3-3　不定愁訴の発生メカニズム（塩田, 2011）

生物学的存在，さらにはそれに起因するであろう男性性や女性性をめぐる問題に直面しやすいことがうかがわれる。

表3-2　Heinemann らによる Aging males' symptoms（AMS）

	症状	なし	軽い	中等度	重い	非常に重い
	点数	1	2	3	4	5
1	総合的に調子が思わしくない （健康状態，本人自身の感じ方）					
2	関節や筋肉の痛み （腰痛，関節痛，手足の痛み，背中の痛み）					
3	ひどい発汗 （思いがけず突然汗が出る。緊張や運動とは関係なくほてる）					
4	睡眠の悩み （寝つきが悪い，ぐっすり眠れない，寝起きが早く疲れがとれない，浅い睡眠，眠れない）					
5	よく眠くなる，しばしば疲れを感じる					
6	いらいらする （当たり散らす，些細なことにすぐ腹を立てる，不機嫌になる）					
7	神経質になった （緊張しやすい，精神的に落ち着かない，じっとしていられない）					
8	不安感（パニック状態になる）					
9	からだの疲労や行動力の減退 （全般的な行動力の低下，活動の減少，余暇活動に興味がない，達成感がない，自分をせかせないと何もしない）					
10	筋力の低下					
11	憂うつな気分 （落ち込み，悲しみ，涙もろい，意欲がわかない，気分のむら，無用感）					
12	「絶頂期は過ぎた」と感じる					
13	力尽きた，どん底にいると感じる					
14	ひげの伸びが遅くなった					
15	性的能力の衰え					
16	早朝勃起（朝立ち）の回数の減少					
17	性欲の低下（セックスが楽しくない，性交の欲求がおきない）					

訴えの程度　17～26点：なし，27～36点：軽度，37～49点：中等度，50点以上：重度

（日本泌尿器学会／日本 Men's health 医学会「LOH 症候群診療ガイドライン」検討ワーキング委員会, 2007）

4. 中年期における人生の問い直しと心理臨床的支援

(1) 自己の有限性とアイデンティティをめぐる問い

　岡本（1985）の中年期におけるアイデンティティの危機とその克服については，第2章でも取り上げられているが，身体感覚における否定的変化を通して引き起こされる場合が少なくないと思われる。ただし，重要な核となるものは，彼女自身が位置づけているように自己の有限性（岡本, 2002）であろう。平均寿命からすれば，中年期は概ね半生を生きたことになり，その事実あるいは中年期を迎えたことで直面しやすい疾病や近親者との死別，子どもの巣立ちといったライフイベントは，時間的展望のあり方（表3-3）に影響を与え，否応なく自己の生き方を問い直すことになるのかもしれない。

　それまでの歩んできた道のりの質が中年期に反映される一方で，自己の有限性の視点によって，青年期に形成されたアイデンティティが危機を迎えたり，深化・成熟したりする可能性を有するものと考えられる。また，社会変動が著しい今日では，特に女性の生き方の多様化が進展している。彼女たちの中には，それまでの関係性を志向するアイデンティティとともに，個の確立を志向するアイデンティティが認められる。どちらに軸足を置く生き方であっても光と影があり，中年期には未解決の課題の達成や統合のため，自己のアイデンティティの見直しを迫られる可能性を有している（岡本, 2002）。

(2) 中年期を生きる人々への心理臨床的支援の課題

　これまで見てきた通り，中年期の人々は，生物学的次元において不安定な状態に陥りやすいだけでなく，様々な社会的責任や役割期待を構造的に求められており，心理臨床的な支援の対象として大いに注目されるところである。彼らの中には，アイデンティティの問い直しの必要性に

表3-3　我が国における個人の時間的展望の生涯発達の様相
(白井,1997)

児童期 (10〜13歳)	未来を肯定的にとらえ，未来を重要だとするが，空想のレベルにとどまる。将来展望の広がりは状況要因に依存する。
青年期 (14〜24歳)	将来展望は，成人期移行の課題である就職・結婚に至るまでの出来事，特に教育制度の節目によって分節化されている。そのために，成人期の移行まで関心事としての将来展望は狭まる。認知能力としての将来展望は拡大し，将来展望の空想と現実の次元が区別される。目標手段関係の認知が発達するにともない，将来の目標を達成するための現在の行動が重要となる。また，目標への接近が不安を引き起こしたり，"もう一度やり直したい"として過去に対する関心が高まることもある。自我同一性の達成には，社会的自立という目標を目指した行動が重要になるので，現在と結合した未来指向への変化が重要である。
成人前期 (25〜39歳)	職業・家庭の領域で将来展望は広がり，目標指向性が青年期よりも高くなる。現在と結びついた未来指向が増大し，社会的自己の確立を目指す。
中年期 (40〜64歳)	将来に関心をもち，将来展望は広がるが，身体の変化・職業上の行き詰まり・子育ての終わり・近親者の死などを契機に，"残りの時間が少ない"という時間的展望の狭まりや希望の喪失，老いや死への不安などの時間的展望の危機を体験する。"今まで生きてきた時間"ではなく，"これから生きられる時間"が問題となり，死の側から自分に残された時間を考えるという時間的展望の逆転が起こる。自我同一性の再編成には，自己の限界と死の受容が課題となるので，未来と結合した現在指向への変化が必要である。
老年期 (65歳〜)	将来展望は狭まり，希望や目標指向性は減少すると同時に，将来無関心が増大する。これは，退職後の生活や健康，子孫，死などが関心事となるが，いずれも統制可能な事象とはいえないことによる。将来に対する基本的な認知能力が欠如するのでも，将来に対する関心や希望そのものがなくなるのでもないが，未来とは結びつきをもたない現在指向であるネガティブな現在指向を示す者が多い。過去受容が低いが，これは過去体験の統合への直面だけではなく，戦争体験という世代的要因も関係すると思われる。また，暮らし向きや友人の有無という生活要因が時間的展望と関連していた。

迫られた際，自分の中で解決したり，周囲の理解や協力を通して軌道修正を試み，それに成功したりする場合もあるだろう。

　しかしながら，それまで棚上げしてきた課題の大きさや解決困難な深刻な危機が同時的に生じる事態等によっては，心理臨床家による支援が有用とされる場合もある。図3-4（岡本, 2002）は，心理臨床的支援を通した中年期のアイデンティティ再体制化を示したものである。クライエントの主訴がアイデンティティの問題であるかどうかを問わず，人生の内省すなわちライフレビューをともに行っていく中で，アイデンティティの問い直しに向かうことは少なくないと思われる。

　アイデンティティの問い直しを行った結論として，離・転職や起業，離・再婚，転居等をはじめ，大幅な軌道転換を図り，これまでとは全く異なる道を歩み始める者もみられる。しかしながら，中年期には，家庭や職場，地域等様々なコミュニティの中で責任のある立場に置かれている者も多い。そのため，対外的にはあまり変化が生じない軌道修正的な選択肢を探ることが求められるかもしれない。

　中年期の人々への支援においては，これまでの半生を丁寧に傾聴し，受容する必要があることは言うまでもない。その上で，新たな適応的な自己の獲得を目指す際には，これまで構成されてきた社会的文脈や資源を慎重に捉え，環境調整の実現可能性をふまえながら，現実的な方向性を探ることも重要な課題であると考えられる。

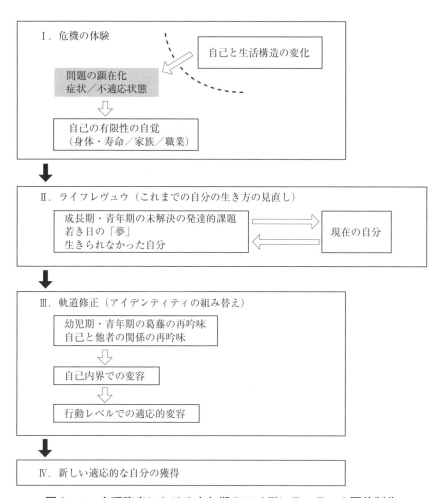

図3-4　心理臨床における中年期のアイデンティティの再体制化
（岡本, 2002）

●**学習課題** ─────────────────────────────

1. 中年期は，青年期の思春期との対応から，思秋期と呼ばれることが
   あるが，両者の共通点と相違点について比較してみよう。
2. 中年期の近親者の方が心身の不調を訴えたとき，周囲に期待される
   私的支援にはどのようなものがあるか考えてみよう。

引用文献 ▎

1. 堂地勉・藤野敏則 (2007). 不定愁訴への対応 日本産科婦人科學會雑誌, 59, N-482-
   N-487.
2. Heinemann LAJ, Zimmermann T, Vermeulen A, Thiel C (1999). A New 'Aging
   Male's Symptoms' (AMS) Rating Scale. The Aging Male, 2, 105-114.
3. Heinemann LAJ, Saad F, Zimmermann T, Novak A, Myon E, Badia X, Potthoff
   P, T'Sjoen G, Pöllänen P, Goncharow NP, Kim S, Giroudet C. (2003). The Aging
   Males' Symptoms (AMS) scale: update and compilation of international
   versions. Health and Quality of Life Outcomes, 1, 15.
4. 厚生労働省 (2019). 平成 29(2017)年 患者調査の概況
   https://www.mhlw.go.jp/toukei/saikin/hw/kanja/17/index.html
5. 厚生労働省 (2019). 令和元年版自殺対策白書 日経印刷
6. 牧田和也・堀口文・青木大輔 (2006). 更年期障害と内科疾患のスクリーニング
   更年期障害と類似疾患，高脂血症など (特集 産婦人科でのスクリーニングの実
   際) 産婦人科の実際, 55 (11), 1937-1943.
7. 日本泌尿器学会／日本 Men's health 医学会「LOH 症候群診療ガイドライン」
   検討ワーキング委員会 (2007). LOH 症候群－加齢男性性腺機能低下症候群診療
   の手引き じほう
8. 日本経済新聞 (2019). 中高年ひきこもり 61 万人 内閣府が初調査 2019 年 3 月 29 日
   https://www.nikkei.com/article/DGXMZO43067040Z20C19A3CR0000/

9. 内閣府（2019）. 生活状況に関する調査（平成 30 年度）
   https://www8.cao.go.jp/youth/kenkyu/life/h30/pdf-index.html
10. 岡本祐子（1985）. 中年期の自我同一性に関する研究　教育心理学研究, 33, 295-306.
11. 岡本祐子（2002）. アイデンティティの生涯発達と心理臨床　岡本祐子（編）アイデンティティ生涯発達論の射程　ミネルヴァ書房　Pp. 151-181.
12. 塩田敦子（2011）. 思春期から更年期の不定愁訴とその対応（2）ヘルスケア 様々なライフステージとヘルスケア, 2. クリニカルカンファランス, 生涯研修プログラム, 第 63 回日本産科婦人科学会学術講演会）日本産科婦人科學會雜誌, 63, N-223-N-228.
13. 白井利明（1997）. 時間的展望の生涯発達心理学 勁草書房

4 | 働くことにかかわる心理臨床

大塚 泰正

《**目標＆ポイント**》 本章では，働くことにかかわる心理臨床について，特に中高年者に焦点を当てて解説する。はじめに，現代の時代背景から中高年者がワーク・ライフ・バランスを取りながら自律的なキャリアを歩むことの重要性について述べ，職場がキャリア支援を行う際のポイントについて概観する。次に，中高年者がうつ病などにより休業した場合の職場復帰支援の進め方について解説する。

《**キーワード**》 中高年，キャリア，キャリア発達，ワーク・ファミリー・コンフリクト，ワーク・ライフ・バランス，職場復帰支援

1．中年期のキャリア発達

（1） キャリア発達とは何か

　1990年代のバブル経済崩壊以降，日本では入職してから退職まで1つの組織で勤め上げるという終身雇用の慣行は崩壊し，各自が職業人生のどの時期においても，自律的に自分らしい道を歩むことが求められるようになってきた。人生において過去・現在・未来へとつながる仕事にかかわる経験のつながりを指す言葉を「キャリア」と言う（池田，2017）。キャリアは今まで様々に定義されてきたが，渡辺（2018）は，多くの定義に共通する点として，①キャリアは個人の行動に関する概念であり，個人と環境との相互作用の結果，つまり個人の経験の積み重ねを意味すること，②キャリアは一時点における現象ではなく，転機や節

目など，時間的経過や空間的広がりを内包していること，③キャリアには自己決定や自己選択などの個別性が内包されていることの 3 点を挙げている。これらのことから，キャリアは職業人生のプロセス自体を指すものであり，キャリアそのものには成功や失敗などといった意味は含まれないと言える（渡辺，2018）。

　万人に共通する成功したキャリアというものは存在しない。そのため，人々はそれぞれ，自分の置かれた状況や周囲の環境，自分自身の希望する方向性などに基づき，自分らしい職業人生を歩んでいくことになる。ただ，現在は終身雇用制が崩壊したとは言え，「1 つの部署で大体このくらい経験を積んだら他の部署に異動させよう」，「管理職候補者には海外駐在を経験させよう」など，人事部門を中心に組織的なキャリア支援が行われている職場もいまだに多く存在するのではないかと思われる。このような組織が展開する様々なキャリア支援活動を支える理論的枠組みのことを，キャリア発達またはキャリア開発と呼ぶ（渡辺，2018）。

　スーパーは，人生におけるキャリア発達を，単なる職業経験だけで理解するのではなく，人生の一部として，仕事以外の役割と関連付けて理解する必要性を主張し，図 4-1 のようなライフ・キャリア・レインボーを提唱している（池田，2017）。例えば，この図に示された男性労働者の場合，40 歳代のときには職場内で重要な立場を担うようになることなどから「労働者」としての役割に時間や労力の大半を割かなければならなくなる反面，家庭では夫，地域では市民としての役割も果たさなければならない状況にあることが分かる。このように人間は複数の生活領域で様々な役割を担っているため，役割間に葛藤が生じやすいと言える。組織におけるキャリア支援も，このような人生におけるライフステージの特徴に合わせて展開することが必要であると言える。

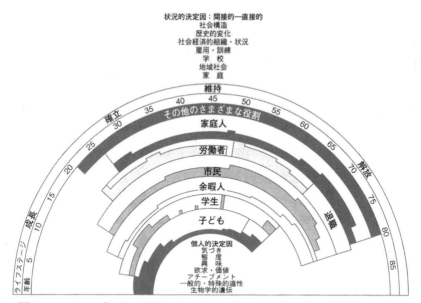

図4-1　スーパーによるライフ・キャリア・レインボー（池田，2017）

（2）中年期におけるワーク・ファミリー・コンフリクトとワーク・ラ イフ・バランス

　役割間葛藤のうち，特に仕事と家庭の葛藤を扱う概念を，ワーク・ファミリー・コンフリクトと呼ぶ。ワーク・ファミリー・コンフリクトとは，仕事における役割と家庭における役割との間に葛藤が生じている状態のことを指す。仕事から家庭へのコンフリクトとしては，例えば，仕事で毎晩帰宅が遅くなる日が続き，家に帰っても家事や育児を担当することができないことなどが挙げられる。また，親の介護で疲労が蓄積し，仕事中に眠くなるなど，家庭から仕事へのコンフリクトが生じることもある。中高年期は，職場では管理職など重要な立場を担うことが多い反面，家庭では子どもがまだ手のかかる年齢であったり，親の介護の問題

が生じたりする可能性が高く，人生の中でも特にワーク・ファミリー・コンフリクトが生じやすい時期であると言える。

　ワーク・ファミリー・コンフリクトには，上述したような時間の制限によって他領域の役割遂行が阻害される「時間に基づく葛藤」，一方の役割によって生じる疲労などから他領域における役割遂行が阻害される「ストレインに基づく葛藤」のほかに，一方の役割において望ましいとされる行動が他領域における役割の遂行を阻害する「行動に基づく葛藤」がある（Greenhaus & Beutell, 1985）。「行動に基づく葛藤」には，例えば警察官には職務上は市民に対して違反を厳しく取り締まる態度を持つことが望まれているのに対して，家庭でパートナーや子どもなどに接するときにはそのような態度が必ずしも望ましいとは限らないことなどが含まれる。陳・金井（2017）は，従来のワーク・ファミリー・コンフリクトに関する研究を概観し，ワーク・ファミリー・コンフリクトが高い場合には仕事満足度，家庭満足度，組織コミットメント，精神的健康などが低下し，欠勤やアルコール依存などが増加することを明らかにしている。現代の中高年者は「サンドイッチ世代」とも呼ばれ，晩婚化などの影響から子育てと親の介護を同時に行うダブル介護の状態に陥りやすいことが指摘されている（富田・西田・丹下・大塚・安藤・下方，2019）。これらのことから，現代の働く中高年者にとって，ワーク・ファミリー・コンフリクトの問題は避けては通れないものであると言えるであろう。

　一方，仕事と家庭を含めた個人生活との調和が取れている状態をワーク・ライフ・バランスと呼ぶ。内閣府は，2007 年，関係閣僚，経済界・労働界・地方公共団体の代表等からなる官民トップ会議において，「仕事と生活の調和（ワーク・ライフ・バランス）憲章」（内閣府，2007a）および「仕事と生活の調和推進のための行動指針」（内閣府，2007b）

**表4-1 「仕事と生活の調和（ワーク・ライフ・バランス）憲章」が目指す
仕事と生活の調和が実現した社会（内閣府，2007b）**

1．就労による経済的自立が可能な社会
・若者が学校から職業に円滑に移行できること。
・若者や母子家庭の母等が，就業を通じて経済的自立を図ることができること。
・意欲と能力に応じ，非正規雇用から正規雇用へ移行できること。
・就業形態に関わらず，公正な処遇や能力開発機会が確保されること。
2．健康で豊かな生活のための時間が確保できる社会
・企業や社会において，健康で豊かな生活ができるための時間を確保することの重要
　性が認識されていること。
・労働時間関係法令が遵守されていること。
・健康を害するような長時間労働がなく，希望する労働者が年次有給休暇を取得でき
　るよう取組が促進されていること。
・メリハリのきいた業務の進め方などにより時間当たり生産性も向上していること。
・取引先との契約や消費など職場以外のあらゆる場面で仕事と生活の調和が考慮され
　ていること。
3．多様な働き方・生き方が選択できる社会
・子育て中の親，働く意欲のある女性や高齢者などが，子育て期，中高年期といった
　人生の各段階に応じて多様で柔軟な働き方が可能となる制度があり，実際に利用で
　きること。
・多様な働き方に対応した育児，介護，地域活動，職業能力の形成等を支える社会的
　基盤が整備されていること。
・就業形態に関わらず，公正な処遇や能力開発機会が確保されること。

を策定した。

　「仕事と生活の調和（ワーク・ライフ・バランス）憲章」は，仕事と生活を調和させることの重要性について述べたものであり，ワーク・ライフ・バランスを目指す社会の姿を示し，これを官民一体となって取り組んでいく決意が示されている。ワーク・ライフ・バランスが実現した社会とは，「国民一人ひとりがやりがいや充実感を感じながら働き，仕事上の責任を果たすとともに，家庭や地域生活などにおいても，子育て期，中高年期といった人生の各段階に応じて多様な生き方が選択・実現できる社会」（内閣府，2007a）を指し，具体的には表4-1のような特徴

を持つことが示されている。中高年期に関係する内容としては，「子育て中の親，働く意欲のある女性や高齢者などが，子育て期，中高年期といった人生の各段階に応じて多様で柔軟な働き方が可能となる制度があり，実際に利用できること」などが挙げられている。これを実現するための取り組みとしては，例えば職場内に親の介護を行うための介護休暇制度を整備し，しかもそれを必要なときに実際に取得することができるような風土を醸成することなどが含まれる。働く人のワーク・ライフ・バランスを支えるには，制度を整備するなどのハード面の対策だけでなく，その制度の利用しやすさなどのソフト面の対策も重要であると言える。

　一方，「仕事と生活の調和推進のための行動指針」は，ワーク・ライフ・バランスの取れた社会を実現するため，職場，労働者，国民の取り組みと，国や地方公共団体の施策の方針について定めたものである（内閣府，2007b）。この行動指針では，就業率や年次有給休暇取得率などについて，2020年までに達成すべき具体的な数値目標が示されている（表4-2）。指標によって最新データの取得時期は異なるものの，おおむね2011～2015年のデータに基づいて算出された「現状（直近の値）」をみると，就業率は目標とする値に近付きつつあるものの，その他の指標についてはまだ目標とする値とはかなりの隔たりがあることが分かる。特に労働時間の削減や年次有給休暇，短時間勤務，男性の育児休業の取得などについては，今後官民を挙げてさらに推進していく必要があると言える。

2. 働く人のメンタルヘルスの諸問題

（1）働く人のメンタルヘルスの現状

　「平成29年労働安全衛生調査（実態調査）」（厚生労働省，2018）によると，現在の仕事や職業生活に関することで，強いストレスとなってい

表4-2　ワーク・ライフ・バランスの実現に向けた2020年までの数値目標（内閣府，2017b）

		数値目標設定指標	現状（直近の値）	2020年
I 就労による経済的自立が可能な社会	①	就業率（II，IIIにも関わるものである）	20〜64歳　78.1%	80%
			20〜34歳　76.1%	79%
			25〜44歳　女性　71.6%	77%
			60〜64歳　62.2%	67%
	②	時間当たり労働生産性の伸び率（実質，年平均）（II，IIIにも関わるものである）	0.9%（2005年〜2014年度の10年間平均）	実質GDP成長率に関する目標（2%を上回る水準）より高い水準（※）
	③	フリーターの数	約167万人	124万人　※ピーク時比で約半減
II 健康で豊かな生活のための時間が確保できる社会	④	労働時間等の課題について労使が話し合いの機会を設けている割合	52.8%	全ての企業で実施
	⑤	週労働時間60時間以上の雇用者の割合	8.2%	5%
	⑥	年次有給休暇取得率	47.6%	70%
	⑦	メンタルヘルスケアに関する措置を受けられる職場の割合	60.7%	100%
III 多様な働き方・生き方が選択できる社会	⑧	短時間勤務を選択できる事業所の割合（短時間正社員制度等）	14.8%	29%
	⑨	自己啓発を行っている労働者の割合	43.3%（正社員）16.4%（非正社員）	70%（正社員）50%（非正社員）
	⑩	第1子出産前後の女性の継続就業率	38.0%	55%
	⑪	保育等の子育てサービスを提供している数	認可保育所等（3歳未満児）92万人	認可保育所等（3歳未満児）116万人（2017年度）
			放課後児童クラブ102万人	放課後児童クラブ122万人（2019年度）
	⑫	男性の育児休業取得率	2.3%	13%
	⑬	6歳未満の子どもをもつ夫の育児・家事関連時間	1日当たり67分	1日当たり2時間30分

数値目標の設定に当たっては，以下の数値目標との整合性を取っている。
- ①，③：「『日本再興戦略』改訂2015」（平成27年6月30日，閣議決定）
- ①，③，⑤，⑥，⑩，⑫：「まち・ひと・しごと創生総合戦略2015改訂版」（平成27年12月24日，閣議決定）
- ①，⑤〜⑧，⑩，⑫，⑬：「第4次男女共同参画基本計画」（平成27年12月25日，閣議決定）
- ②，⑦，⑩：「新成長戦略」（平成22年6月18日，閣議決定）
- ⑦，⑩：「2020年までの目標」（平成22年6月3日，雇用戦略対話）
- ⑩〜⑬：「少子化社会対策大綱」（平成27年3月20日，閣議決定）

※「新成長戦略」（平成22年6月18日，閣議決定）において，「2020年度までの平均で，名目3%，実質2%を上回る成長を目指す。」，「2%を上回る実質成長率を実現するためには，それを上回る労働生産性の伸びが必要である。」とあることを踏まえたもの。

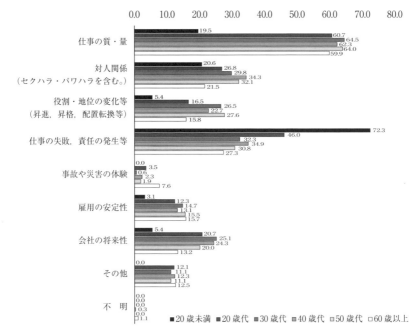

図4-2　年代別にみた仕事や職業生活に関する強いストレスの内容に関する労働者の割合（厚生労働省，2018）

ると感じる事柄がある労働者の割合は 58.3％であることが明らかにされている。年代別にみると，強いストレスとなっていると感じる事柄がある労働者の割合は，20 歳未満が 25.4％，20 歳代が 58.5％，30 歳代が 58.9％，40 歳代が 61.8％，50 歳代が 60.5％，60 歳以上が 44.5％となっている。強いストレスと感じる事柄の内容を年代別にみると，40〜50 歳代の中年期に相当する労働者は，他の多くの年代と同様，仕事の質・量に関するストレスを最も多く挙げている。一方，40〜50 歳代は，対人関係のストレスが他の年代より多いこと，50 歳代では役割・地位の変化等にストレスを感じやすいことが分かる（図 4-2）。

　「平成26年患者調査」（厚生労働省，2015）では，うつ病などの気分障害の患者数は年々増加傾向にあることが示されている。平成26年における気分障害の患者数は約11万2千人となっているが，この数は平成8年における約6万人の倍近くとなっている。年代別にみると，気分障害の患者数は，35〜64歳が約5万7千人と全年代における患者数の約半数を占めている。また，このうち約4万7千人は外来通院を行っていることから，中高年のうつ病患者の多くは，疾患を抱えつつ就労などの社会的活動に参加していると思われる。

　川上・立森・竹島・石川・菅知（2016）の調査では，日本人ではうつ病の生涯有病率が約5％であることが報告されている。これは，生涯のうちに一度でもうつ病を患う人が20人に1人程度存在することを示している。しかし，生涯に一度でもうつ病を患ったことのある人の約半数は，医療機関等へ自主的に受診や相談を行っていない。さらには，過去12か月の間にうつ病を患った者でも，約3割しか自主的な受診や相談を行っていない（川上他，2016）。うつ病に限らず，精神疾患を持つ人々の中には，自分が病気だとは思わないという特徴を持つ人がいる（これを「病識のなさ」と言う）。また，生真面目で仕事熱心なパーソナリティ傾向を持つうつ病患者も多いことから，仕事を休んでまで医療機関を受診しようという気持ちにはならない人もいるであろう。そのため，職場においては，周囲の人々が異変に気づき，必要に応じて本人に受診を促す関わりが重要となる。

　中年後期から初老期に発症するうつ病は，一般に重症であると言われている（神庭，2012）。そのため，中高年労働者がうつ病を発症した場合には，一時的に休業し，療養に専念することが必要になる。このような事態に対応するため，厚生労働省（2004，2009）は，うつ病などのメンタルヘルス不調により休業した労働者に対する職場復帰を促進させる

ため，事業場向けに「心の健康問題により休業した労働者の職場復帰支援の手引き」を提供している。次節では，この手引きに沿って，特に中高年労働者の休・復職支援の方法に焦点を当てて解説する。

（2）　中高年労働者の休・復職支援

厚生労働省（2004，2009）が作成した「心の健康問題により休業した労働者の職場復帰支援の手引き」では，職場復帰支援を表4-3の5つのステップに分け，各ステップで取り組むべき事項について整理している。以下，各ステップ別に休・復職支援の概要について述べる。

①＜第1ステップ＞病気休業開始及び休業中のケア

労働者が医療機関を受診し，主治医により休養が必要だと判断された場合には，病気休業診断書が出される。労働者はこの診断書を管理監督者に提出し，管理監督者が人事部門にこのことを伝えることで，一般に，私傷病による休業という人事上の手続きが開始される。

診断書は公的文書であるため，主治医は嘘偽りを記載してはいないという前提でみる必要がある（夏目，2015）。通常，診断書には簡単な診断名と休養を要する期間が記載されているだけであるが，職場側はこの診断書から，主治医はこのような疾患（症状）があることを認めていること，休養期間として最低この程度の期間が必要であると考えていることを確認する。

ただし，診断書には，「うつ状態」など，診断名を記載する箇所に単なる症状だけが書かれていることがある。これは，疾患名を明記することで，本人が職場で無用な差別や偏見を受けることがないよう主治医が配慮している場合などに認められる。「うつ状態」など症状のみが記載されている場合には，その原因がうつ病にあるのか，それとも一時的な職場のストレスにあるのかなどは明確に区別することができない。このことを主治医に問い合わせても，医師には刑法により守秘義務が課せら

表4-3　職場復帰支援の流れ（厚生労働省，2004，2009）

＜第１ステップ＞病気休業開始及び休業中のケア
ア　病気休業開始時の労働者からの診断書（病気休業診断書）の提出
イ　管理監督者によるケア及び事業場内産業保健スタッフ等によるケア
ウ　病気休業期間中の労働者の安心感の醸成のための対応
エ　その他

↓

＜第２ステップ＞主治医による職場復帰可能の判断
ア　労働者からの職場復帰の意思表示と職場復帰可能の判断が記された診断書の提出
イ　産業医等による精査
ウ　主治医への情報提供

↓

＜第３ステップ＞職場復帰の可否の判断及び職場復帰支援プランの作成
ア　情報の収集と評価
（ア）労働者の職場復帰に対する意思の確認
（イ）産業医等による主治医からの意見収集
（ウ）労働者の状態等の評価
（エ）職場環境等の評価
（オ）その他
イ　職場復帰の可否についての判断
ウ　職場復帰支援プランの作成
（ア）職場復帰日
（イ）管理監督者による就業上の配慮
（ウ）人事労務管理上の対応
（エ）産業医等による医学的見地からみた意見
（オ）フォローアップ
（カ）その他

↓

＜第４ステップ＞最終的な職場復帰の決定
ア　労働者の状態の最終確認
イ　就業上の配慮等に関する意見書の作成
ウ　事業者による最終的な職場復帰の決定
エ　その他

↓

職場復帰

＜第５ステップ＞職場復帰後のフォローアップ
ア　疾患の再燃・再発，新しい問題の発生等の有無の確認
イ　勤務状況及び業務遂行能力の評価
ウ　職場復帰支援プランの実施状況の確認
エ　治療状況の確認
オ　職場復帰支援プランの評価と見直し
カ　職場環境等の改善等
キ　管理監督者，同僚等への配慮等

れているため，本人の同意なく第三者に情報を開示することはできない。そのため，職場側はある程度診断書を読み解く力を身に付けておくことが必要であると言える（夏目，2015）。また，例えば，主治医が1か月の休養が必要であると判断している場合には，職場側も主治医の意見を尊重し，少なくとも1か月間は安心して休養に専念できるよう対処することが必要である。

　筆者の経験では，休業の開始によって給与が支払われなくなると，ローンの返済ができなくなってしまうのではないかなど，金銭面の不安を訴える者が多いように思われる。特に中高年期は，一般に住宅ローンや子どもの教育費など，出費が多い時期である。そのため，金銭面の不安を放置したままにしておくと，その不安は家族全体の不安へと波及してしまい，本人が安心して休養に専念できなくなってしまうおそれがある。しかし，実際には健康保険組合や全国健康保険協会等から一定額の傷病手当金が支給されることが多く，休業中に極端に生活に困窮するということはほとんどない。このような制度があることを休業開始前に労働者やその家族に情報提供しておくことは，その労働者が安心して休養に専念できる土台を作るために大変重要であると思われる。また，就業規則に基づき私傷病による休業はどのくらいの期間認めることができるのかや，職場復帰する際の手続きはどのように行うのかについても休業開始前にあらかじめ説明しておくことが望ましい。特に，休業期限が過ぎた場合に自動的に退職になるという規定を設けている場合には，事前にそのことを本人および家族に説明し十分理解してもらうことが必要である。

②＜第2ステップ＞主治医による職場復帰可能の判断

　第2ステップは，療養により症状がおおむね改善し，主治医から職場復帰可能の判断が出される段階である。職場復帰の手続きを開始するにあたり，主治医より復職可能であることが記載された診断書が出される。

なお，診断書には残業や深夜勤務の禁止など，就業上配慮すべき具体的な事項についても記載してもらえるとよい。

ただし，主治医が出す復職可能の診断書は，就業に耐えうるレベルよりも低いレベル（例えば，日常生活を問題なく送ることができるレベル）で書かれることもしばしばである。そのため，職場としては主治医の復職可能の診断書をそのまま受け入れることができない場合もある。例えば，トラック運転手に対して，「復職可，ただし車の運転は禁止」と書かれた診断書を運送会社が受け入れることはできないであろう。このようなことは往々にして本人や職場がその人の業務内容を主治医に伝えていないことによって起きる。後ほど第4ステップでも述べるが，最終的な職場復帰の決定は事業者が行うものである。そのため，主治医の診断書に反して休業を継続させるという対応を取ることもできる。しかし，そのような対応を取った場合，本人には休業を継続するための病気休業診断書が必要になる。このとき，主治医は公的文書として復職可能であるという診断書を既に発行しているわけであるから，数日も経たないうちに再度病気休業診断書を発行するということは困難であると言える。病気休業診断書が発行されないと，本人は休業が継続できないだけでなく，休業に伴う傷病手当金も受給できなくなるおそれがある。

このような事態を回避するため，特にその労働者が危険な業務や難しい業務を担当している場合には，職場側は主治医に対してあらかじめ職場が期待する業務遂行能力などの条件を明示しておくことが望ましいと言える。中高年労働者の中には，管理職の立場にある者も多いと思われる。このような場合には，本人が管理職であることや，自分たちの職場では部下のマネジメントや対外的な折衝などといった役割を管理職に求めていることなどを主治医に伝え，そのような業務が遂行できるまでに回復できているかを職場復帰可能の判断の参考にしていただきたい旨，

依頼しておくことも一案であろう。

③＜第3ステップ＞職場復帰の可否の判断及び職場復帰支援プランの作
成

第3ステップは，最終的な職場復帰を決定する前に，職場側が職場復帰に向けて必要な情報を収集・評価し，復職の可能性が高いと判断された場合には，職場復帰支援プランを作成していく段階である。なお，第3ステップの開始は，本人が復職したいという明確な意思を示していることが前提となる。

職場復帰に向けて必要な情報とは，本人の治療状況（職場復帰後の通院継続の必要性，服薬状況，薬の副作用による業務への影響など），業務上の配慮に関する主治医の意見（深夜業や出張の禁止など），最近の生活状況と業務遂行能力の回復の程度（睡眠や食事はとれているか，日中の活動性はどうか，注意力や集中力はどの程度回復しているかなど）等である。また，復職先や，職場で配慮してほしい事項やその期間など，本人が復職に対してどのような希望を持っているかについても聴取しておき，復職の際の参考にできるとよい。

一方，復職者を受け入れる職場の状況についても評価しておく。具体的には，症状の再燃・再発に関係しそうな仕事上や対人関係上のストレスが存在していないか，業務の量や質を一時的に軽減できる余地があるか，復職の時期が繁忙期に当たっていないか，などである。特に復職者が管理職の場合には，通常は部下のマネジメントや責任ある業務の推進などが求められる立場であることに十分留意する必要がある。うつ病などで長期間休業していた者が，職場が期待するような管理職の役割を復職後すぐに担うことは通常困難である。そのため，復職後は，一時的に部下を配属しないようにしたり，他の管理職の業務をサポートする立場に置いたりするなどの配慮を行うことができるとよいであろう。

　以上のような情報の収集と評価に基づき，産業医を中心とした事業場内産業保健スタッフ等を中心に，職場復帰の可否についての判断を行う。職場復帰が可能と判断された場合には，続いて職場復帰支援プランを作成する。もし職場に負荷が軽い段階から徐々に職場に体を慣らす「試し出勤」などの制度があれば，うつ病などで休業した労働者の職場復帰を円滑に進めることができるようになる。

　職場復帰支援プランでは，いつから職場に復帰するか，勤務時間はどのくらいにするか，どのような業務を行ってもらうか，フォローアップはいつ誰が行うか，などが日程表に沿って決められていく。一般的には，職場に復帰する日は週の半ば（水または木曜日）あたりとし，午前中のみの勤務から開始する。長期間休業していた労働者にとっては，病状が回復しているとは言え，久しぶりの出勤であるため，疲労を感じやすい。このとき，週の半ばからの出勤開始とすれば，数日勤務した後に休日を活用してゆっくり休養を取ることができる。また，特にうつ病患者は午前中の調子が悪い傾向があるため，あえて午前中からの勤務開始とし，職場が求める時間に出勤できるよう，体を慣らしていくことも重要である。

　業務内容については，特に管理職の場合，一般職やパート労働者が行うような軽作業を担当させることはなかなかできない。しかし，復職当初は，可能であれば一時的に他人と関わらずに黙々と作業することができるような事務的な業務を与えられるとよい。ただし，管理職は本来このような業務を行う立場ではないため，このような業務を長期間担当させると，本人だけでなく周囲の人々にも様々な悪影響が生じる可能性があるので，注意したい。

④＜第4ステップ＞最終的な職場復帰の決定

　第4ステップでは，事業者により最終的な職場復帰の決定が行われる。

職場復帰を決定できるのは，主治医や本人，産業保健スタッフ等ではなく，事業者である。一般的には，産業医が就業制限事項などを記載した就業に関する意見書を取りまとめ，それに基づいて事業者が職場復帰の可否を決定する。

　先述したように，この段階において，職場復帰の可否や職場での配慮事項などに関して主治医とは異なる見解を職場が示すことになった場合には，産業医等から主治医に対して十分な説明を行い，納得してもらうことが不可欠である。事業者による職場復帰の決定が行われると，その労働者は晴れて職場に復帰することができるようになる。

⑤＜第5ステップ＞職場復帰後のフォローアップ

　職場復帰支援は，労働者が職場に復帰したら終わりというわけではない。復職後も定期的なフォローアップを行うことが復職を安定させる上で大変重要である。職場復帰後は，上司や産業保健スタッフなどが定期的に面談し，予定通り職場復帰支援プランが実行されているか，症状が再燃・再発していないか，治療は継続しているか，突発的な休業が発生していないかなどを確認する。必要があれば，職場復帰支援プランの見直しも行っていく。

　職場復帰後に定期的な面談を行うことで，復職者の再休業を予防することができる可能性が示唆されている。例えば，難波（2012）は，復職後に月1回の産業医面談を行い，回復状況や治療状況，職場への適応状況などを確認した。この取り組みによって，再休業者を大幅に減らすことに成功したことを報告している。職場復帰支援プランを作成する際には，復職後にいつ誰が定期的にフォローアップ面談を行うかについても検討しておくことがよいと思われる。

　また，本人だけでなく，周囲の人々に対するフォローアップも視野に入れておく必要がある。具体的には，その人の上司にあたる管理監督者

や同僚，部下などがその人の職場復帰によって過度なストレスを感じていないかや，復職者にストレスがかかりにくい職場環境が形成できているかなどについて定期的に観察できるとよい。周囲の人々に復職者との接し方についてのアドバイスを行ったり，職場環境の改善を図ったりすることも本人の復職を安定させるために有益であろう。

●学習課題

　自分が現在または過去に抱えていたワーク・ファミリー・コンフリクトについて考えてみてください。そのようなワーク・ファミリー・コンフリクトを少なくし，ワーク・ライフ・バランスを取るためには，どんなことができるか（できたか）を考えてみよう。

引用文献

1. 陳 迪・金井 篤子（2017）．労働者のワーク・ファミリー・コンフリクト／ファシリテーションに関する研究動向　名古屋大学大学院教育発達科学研究科紀要心理発達科学, 64, 147-156.

2. Greenhaus, J. H. & Beutell, N. J.（1985）. Sources of conflict between work and family roles. Academy of Management Review, 10, 76-88.

3. 池田 浩（2017）．産業と組織の心理学　サイエンス社

4. 川上 憲人・立森 久照・竹島 正・石川 華子・菅知 絵美（2016）．世界精神保健日本調査セカンド　Ⅱ有病率および受診行動　3精神障害等の有病率および受診行動　川上 憲人（代表）精神疾患の有病率等に関する大規模疫学調査研究：世界精神保健日本調査セカンド　総合研究報告書　厚生労働省厚生労働科学研究費補助金（障害者対策総合研究事業）（H25－精神－一般－006），国立研究開発法人日本医療研究開発機構　障害者対策総合研究開発事業（精神障害分野）（15dk0310020h0003）（pp. 30-66）　厚生労働省　Retrieved from http://wmhj2.jp/WMHJ2-2016R.pdf

5. 厚生労働省（2018）．平成29年労働安全衛生調査（実態調査）　厚生労働省　Retrieved from https://www.mhlw.go.jp/toukei/list/h29-46-50.html（2019年1月10日）

6. 厚生労働省（2015）．平成26年（2014）患者調査の概況　厚生労働省　Retrieved from https://www.mhlw.go.jp/toukei/saikin/hw/kanja/14/index.html（2019年1月10日）

7. 厚生労働省（2004, 2009）．心の健康問題により休業した労働者の職場復帰支援の手引き　厚生労働省　Retrieved from https://www.mhlw.go.jp/new-info/kobetu/roudou/gyousei/anzen/101004-1.html（2019年1月10日）

8. 内閣府（2007a）．仕事と生活の調和（ワーク・ライフ・バランス）憲章　内閣府　Retrieved from http://wwwa.cao.go.jp/wlb/government/20barrier_html/20html/charter.html

9. 内閣府（2007b）．仕事と生活の調和推進のための行動指針　内閣府

Retrieved from http://wwwa.cao.go.jp/wlb/government/20barrier_html/20html/indicator.html

10. 難波 克行（2012）. メンタルヘルス不調者の出社継続率を 91.6% に改善した復職支援プログラムの効果　産業衛生学雑誌，54，276-285.

11. 夏目 誠（2015）. ストレスチェックを実施するなら，「診断書」を読み解く力をつけろ　社会保険出版社

12. 神庭 重信（2012）. 気分障害　加藤 進昌・神庭 重信・笠井 清登（編集）TEXT 精神医学　改訂 4 版（pp. 217-235）　南山堂

13. 富田 真紀子・西田 裕紀子・丹下 智香子・大塚 礼・安藤 富士子・下方 浩史（2019）. 中高年者に適用可能なワーク・ファミリー・バランス尺度の構成　心理学研究，89.

14. 渡辺 三枝子（2018）. 新版キャリアの心理学　第 2 版　ナカニシヤ出版

5 | 家族にかかわる心理臨床

宇都宮 博

《**目標 & ポイント**》 家族の形態は時代とともに変容しており，その構造のあり方は多様化している。同別居を問わず，家族の存在はサポート源とストレス源の両面で重要な要因であり，中高年者の心理的適応／不適応を捉える上で欠かせない文脈と言える。本章では，夫婦の不和や離婚，子どもの養育ならびに巣立ち，在宅介護等，人生後半期の家族をめぐる心理臨床的問題について論じる。
《**キーワード**》 夫妻間不和，熟年離婚，家族システム，子の巣立ち，介護－被介護関係

1. 中年期以降の家族における心理社会的課題と危機

（1） 家族を捉えるシステム論的視座

　中年期を生きる上で，家族の存在はどのような意味を持っているのであろうか。ライフコースの多様化の動きがみられる一方で，依然として，我が国では生涯を通して生まれ育った家族と自らが形成する家族という2つの家族を経験する者が多くを占めている。自らが親となった場合には，自分を中心として，上下3世代にわたる家族関係が展開することとなり，その特質が注目される。

　家族はあたかも1つの有機体として，個々人の一生とともに，長い時間をかけて変容を遂げるものと考えることができる。これは家族システム論にもとづく考え方であり，Bertalanffy（1968）が提唱した一般シス

テム理論から派生したものである。家族システム論によると，家族は1つのシステムとされ，そこで生じる諸問題をめぐっては円環的な因果律によって説明される。今日の家族療法の理論的基盤となっている。家族システムでは，個々の成員がそれぞれ発達を遂げる中で，「安定性」と「変動性」をめぐる攻防が日々繰り返されている。健康な家族であり続けるためには，「安定性」だけでなく，家族システムの見直しや修正を行う「変動性」も必要とされる。ただし，安定性を求める傾向と変動性を求める傾向は，家族成員の発達や社会的な変化によって，必ずしも家族成員間で足並みがそろうとは限らない。例えば，思春期を迎えた子どもとその親との間で生じる"家族ルール"の見直しの動き等はその典型である。従って，家族の成員がいかなるライフステージを生きているかといった点が注目される。

（2） 中年期から老年期にかけての家族システムをめぐる問題

　表5-1は，家族の発達段階と個人の発達段階の結びつきを示したものである。この中で，中年期および老年期は，第5段階から第7段階にかけてのステージが該当すると思われる。この表は子どもを有する家族を想定して提示されたものであるが，子どもが思春期や青年期，成人前期へと向かうことで，家族システムが子どもの巣立ちを可能とする風通しのよい状態へと見直す必要性に迫られるようになる。また，老親の扶養や介護をめぐる問題に直面する場合もある。以降の各論で詳しく取り上げるが，家族役割の変化を契機として，それまで棚上げしてきた家族内の関係性をめぐる危機的状況が顕在化する場合も少なくない。一方，高齢者の側に立てば，自己内外で様々な喪失体験に遭遇する機会も増えてきて，配偶者や子ども・孫世代との関係の見直しが迫られることも少なくない。同時に自分自身のジェネラティビティや統合性といった心理社会的課題と向き合うこととなる。

表5-1　家族システムと個人の発達課題（中釜，2001）

ステージ	家族システムの発達課題	個人の発達課題
1.家からの巣立ち（独身の若い成人期）	・源家族からの自己分化	親密性 VS 孤立 職業における自己確立
2.結婚による両家族の結合（新婚期・家族の成立期）	・夫婦システムの形成 ・実家の親とのつきあい ・子どもを持つ決心	友人関係の再編成
3.子どもの出生から末子の小学校入学までの時期	・親役割への適応 ・養育のためのシステムづくり ・実家との新しい関係の確立	世代性 VS 停滞 ┌ 第2世代 ───── 　基本的信頼 VS 不信 　自律性 VS 恥・疑惑 　自主性 VS 罪悪感
4.子どもが小学校に通う時期	・親役割への適応 ・子どもを含んだシステムの再調整 ・成員の個性化	世代性 VS 停滞 ┌ 第2世代 ───── 　基本的信頼 VS 不信
5.思春期・青年期の子どものいる時期	・柔軟な家族境界 ・中年期の課題達成 ・祖父母世代の世話	┌ 第2世代 ───── 　同一性確立 　　VS 同一性拡散
6.子どもの巣立ちとそれに続く時期：家族の回帰期	・夫婦システムの再編成 ・成人した子どもとの関係 ・祖父母世代の老化・死への対処	┌ 第2世代 ───── 　親密性 VS 孤立 　（家族ライフサイクルの第一段階）
7.老年期の家族の時期：家族の交替期	・第2世代に中心的な役割を譲る ・老年期の知恵と経験を包含	統合 VS 絶望 配偶者・友人の喪失 自分の死への準備

注）家族の人生周期を7つのステージに分けて家族システムとその個人（第1世代と第2世代それぞれ）に課せられる発達課題を記した。7つのステージは，家族の成立期・拡大期・収束期という3つの期に大別される。

2. 夫妻間の不和と熟年離婚

（1） 結婚生活の破綻と熟年離婚の動向

　現代の特徴として，結婚の絶対的価値の揺らぎや永続性の観念の弱まりが指摘される。前者については，そもそも結婚をしない中高年者の人々が増加していることが示唆している。また，後者においては，離婚件数自体の下げ止まりが認められるものの（図5-1），同居期間すなわち結婚生活が長期におよぶ夫婦における離婚の占める割合がかつてに比べて高まっていることからうかがえる。

　我が国の離婚は，その大部分が双方の合意にもとづく協議離婚であるため，原因の一般的な傾向をつかむことは困難である。しかしながら，特に中年期から老年期にかけての離婚では，これまで歩んできた道のりを個人レベルあるいは夫婦レベルで内省し，互いの存在意味をみつめた結論の末，選択されることも少なくないであろう。

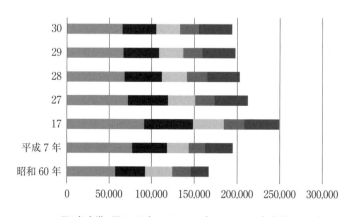

図5-1　同居期間別にみた離婚件数の年次推移
出典：平成30年（2018）人口動態統計月報年計（概数）の概況

　ところで，40 代から 70 代までの有配偶者を対象とした研究（伊藤・相良，2012）によると，配偶者への愛情に関して，女性が男性を下回り，特に 40 代や 50 代で子どもの巣立ちを迎える女性で低かったことが報告されている。わが国の調停離婚の申立人の多くが女性であることも，そうした知見をふまえると理解できる。いずれにせよ，婚姻関係を継続する場合であっても，老年期での結婚生活の質やその果たす役割は，配偶者との関係性によって大きく異なると言える。

（2）　結婚生活の継続における関係性

　男女双方の平均寿命の延長によって，今日では多くの人々が配偶者とともに老年期を迎えている。これまでの調査研究では，わが国の老年期の夫婦関係が比較的円満であることが示されてきた（伊藤・相良，2012；河合，1992；高橋，1991；宇都宮，2004）。その背景としては，社会的役割からの離脱による夫婦間での緊張や摩擦となりうるテーマの減少や，イエ制度規範にもとづく個人的満足を優先しない姿勢，老年期までに不和の強い夫婦が婚姻関係を解消しているというサバイバー効果等が考えられる（宇都宮，2014）。

　しかしながら，必ずしもすべての者が良好な関係を構築しているわけではなく，そこには多様な関係性があることが確認されている。すなわち，老年期での関係性には表 5-2 に示す通り，「人格的関係性型」，「献身的関係性型」，「妥協的関係性型」，「拡散的関係性型」，「表面的関係性型」，「独立的関係性型」といった様々な性質の関係性が確認されている（宇都宮，2004；宇都宮，2014）。注目すべき点として，「献身的関係性型」，「妥協的関係性型」，「拡散的関係性型」といった，いわば現状のかかわりに対して，納得ができていなかったり，葛藤状態にある関係性が，妻側のみに多く認められていることが挙げられる。そうした関係性は老年期に突然生じるというよりは，長い結婚生活の積み重ねの中で形成され

表5-2　夫婦の関係性ステイタス（宇都宮，2008より作成）

人格的関係性型	最高のめぐり合わせ。この人（配偶者）と深くわかりあえていると思う。私にとっては唯一無二の存在。
献身的関係性型	めぐり合ったのは間違いじゃないはず……。この人と心の底からわかりあいたい。あきらめたくない。
妥協的関係性型	この人とわかりあいたいと思ってた。でも，今は期待していないし，もうこのままでよい。
拡散的関係性型	かつてはわかりあえるようにと努力をしていた。しかし，もう傷つきたくない。どうしてこの人と出会ってしまったのだろう。別れたい，やり直したい。
表面的関係性型	なぜこの人と一緒にいるのかなんて考えたことはない。とにかく満足している。それ以上言うことはない。
独立的関係性型	なぜこの人と一緒にいるのかなんて考えるのは無意味。生きていく上で必要な人。愛している，愛していないなんて，私には関係のないこと。

たと考える方が自然であろう。

3. 親役割への関与と巣立ち

（1）　親役割への関与

　親となるタイミングには個々人でかなり幅がある。中年期には，幼児期や児童期の子どもを持つ者もいれば，思春期・青年期の子どもの親，そしてどちらの子どもも育てている親もみられる。冒頭の家族の発達段階で示したように，親となった人々は子どもの発達にともない，その対応のあり方を調整するとともに適応していくことが求められる。

　特に子どもが小学校や中学校に通っている家庭では，子どもの学業や進学上の問題，友人関係や恋愛関係上のトラブル等によって，親としての困難さに直面している人々は少なくない。また，共働き世帯や老親介護をしている場合，ダブルケア，すなわち親役割と職業役割や，親役割

と介護役割といった多重役割間のバランスをめぐる葛藤を経験している者もみられる。今日では，父母双方の親としてのあり方が問われており，両者の養育態度の一貫性や相補性といったコ・ペアレンティングの質も，子どもの発達のみならず，親自身のメンタルヘルスの面でも注目されている。

（2）　親役割からの離脱，子どもの巣立ち

　子どもの学校教育段階の終了や，就職，結婚等を機に，子どもの巣立ちをめぐる課題が浮上する。巣立ちの経験の仕方は，子どもの数やきょうだいの年齢差等によって異なるだけでなく，何をもって巣立ちの契機や成立条件とするかは個人に委ねられる。今日では，「成人生成期」（Arnett，2000）の長期化や，「パラサイト・シングル」（山田，1999）の存在が指摘されており，巣立ちの様相は様々である。

　子どもの巣立ちは，内的な対象喪失（小此木，1997）となる場合があるが，"父親不在・母子密着" や "良妻賢母" という言葉が示唆するように，とりわけ母親として取り上げられてきた。実際に母親という地位が大きな位置を占めていた女性達にとって，子どもの巣立ちは切実なテーマであると考えられる。

　巣立ちへの認識は親自身のアイデンティティと結びついている場合もあり（兼田・岡本，2007；清水，2004），自己の将来展望によって巣立ちの意味が大きく異なるものと考えられる。また，有配偶者で夫婦関係が不和である場合，子どもの巣立ちは，家族システムの存続意義を揺るがしかねず，歓迎されない場合もある（宇都宮，2011）。子どもの巣立ちは，単に当該親子の二者関係の枠にとどまらず，他の成員がいるのであれば，家族システム全体から捉える必要がある。さらに，巣立ちのテーマは，家族の文脈にとどまらず，個人を取り巻くコミュニティの視点からの理解と支援が不可欠であると考えられる。

4．成人子と老親の扶養や介護をめぐる問題

（1）高齢者を中心とする家族形態の動向

　家族をめぐる人々の意識や社会構造の変化によって，家族の居住形態のあり方も時代とともに変容を遂げている。図5-2は，65歳以上の人々の世帯構造を示したものである。全般的な傾向としては，高齢者のみの世帯が多数を占めている点が指摘される。その実態は性別と年代によって，かなり特徴的な違いが認められる。特に，男女共通して加齢に伴い，とりわけ80歳以上において，子ども夫婦との同居する割合が多いが，女性の方にその傾向が強い。

　つまり，核家族化が進行する一方で，高齢になるほど，いわゆる子どもとの途中同居へと移行を経験していると言える。また，単独世帯において，男性では各年代を通してほぼ同程度（13〜14％）なのに対し，女性では加齢により，増加することが分かる。これは，平均寿命が男性よりも女性が長く，かつ夫婦の多数が「夫が妻よりも年上」という組み合

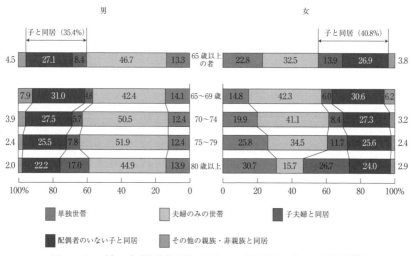

図5-2　性・年齢階級別にみた65歳以上の者の家族形態
（厚生労働省政策統括官，2018）

わせであるため，妻が配偶者喪失に直面しやすいことを示唆している。そうした状況の中，老親の一方の死や健康上の理由等によって，成人子（多くは中高年者）と老親との間で，扶養や介護をめぐる役割関係の問題に迫られる事態が生じている。

（2）ケア役割の提供と受領をめぐる意思決定と心理的葛藤

　老親の要介護状態への移行や一方が他界する等によって，老親との同居が開始するパターンが普及してきたものの，同居への規範的な考えは弱まりつつある（直井，2012）。規範の低下は成人子側だけでなく，高齢者の若い層においても，子どもによる介護への戸惑いが見出されている（小谷，2006）。そのため，「ともに暮らさずに老親のみの生活を見守るのか」，「成人子側に老親を迎え入れるのか，逆に成人子側が老親のもとに戻るのか」，あるいは「施設入所を選択するのか」等の意思決定は，多くの中高年世代の子ども（家族）と老親が直面している切実な課題であると言える（宇都宮，2019）。

　こうした問題には，ケア役割の逆転と心理的適応の課題が付随している。例えば，宍戸（2008）では，「息子夫婦と老親」に比べて，「娘夫婦と老親」の方に，親から子への援助期間が長期に継続しやすい傾向が確認されている。すなわち，妻方の実家からは援助を受けながら，夫方の実家に対しては逆に援助するといった非対称的な付き合いがうかがわれる。もちろん実際には，双方の所得等の事情によって様々なパターンがありうるが，世代間援助（老親→成人子，成人子→老親）の逆転のタイミングが，夫と妻とで異なる場合，成人子が双方の実家との狭間で調整が求められ，ときに家族の危機的な状況に発展する場合もある。

　さらに，成人子と老親との関係をめぐっては，"育てる‐育てられる関係"という歴史に着目する必要がある。役割逆転によって，成人子側が支援を提供する立場となった際，「互酬性」（Shuey & Hardy, 2003）

の考え方が反映されるかもしれない。すなわち，自分が受けてきた養育の質が老親への扶養や介護にどれほど一貫性があるかどうかである。被養育体験をめぐる物語によっては，それまで自分を支えてくれた親の老いの受容が困難な場合もある。無藤（2008）は，役割の交代においては，成人子と老親が互いに"強い親"や"美しい親"等のイメージを見直し，新たな関係性を構築する必要性を示唆している。

（3） 家族内における介護 – 被介護役割への移行

　家族内において，成員の一人が要介護状態へと移行する際，在宅介護を選択するか否かの選択に迫られる。わが国では，性別や年代による違いはあるとは言え，依然として在宅での介護を希望する者は多い。図5-3は，主な介護者の割合を示している。同居している者が，介護者の半数以上を占め，高齢者が高齢者をケアするといった"老々介護"が主流であることが分かる。この他の特徴として，"妻"や"嫁"といった女性の力に大きく依存している現状も存在している。介護者の中には，家族の介護や看護を理由に離職や転職を余儀なくされている者も少なくない。

　図5-4は，同居している介護者が抱える悩みやストレスの原因である。介護役割への負担感や拘束感は，介護者のQOLを左右する非常に大きな要因であり，被介護者の日常生活動作能力（ADL: Activity of Daily Living）や認知障害の程度によって大きく異なる。しかしながら，その影響力は単純ではなく，両者をつなぐ媒介的要因にも着目する必要がある。例えば，岡林・杉澤・高梨・中谷・柴田（1999）は心身の障害が直接的に作用しているだけでなく，介護者がとる対処方略のあり方によって介護による拘束感が影響を受けること，さらにはバーンアウト（燃え尽き症状）にもつながっていることを明らかにしている。有効な対処方略としては，「ペース配分」や「気分転換」が確認されている（岡林ら，

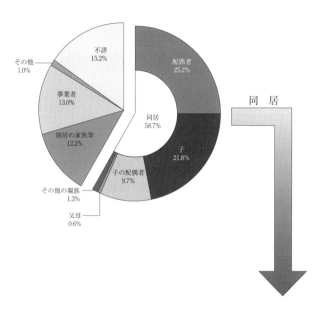

性別にみた同居している主な介護者の年齢階級別構成割合

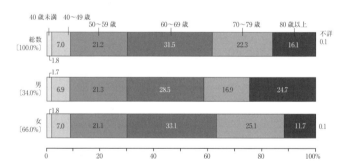

図５-３　主な介護者の要介護者等との続柄及び同別居の構成割合
（厚生労働省政策統括官 , 2018）

1999；安田・近藤・佐藤，2001）。これらは介護者の自由裁量度にかかわる問題であるが，個人差が大きいと思われる。

また，デイサービス等の社会資源の整備・充実もさることながら，同別居の他の家族成員との人間関係が重要であることは言うまでもない。つまり，介護者にとって，各成員がサポーティブな存在として機能しているのか，それとも深刻な葛藤や不和の状態によって，ストレッサーとして認識されているかは非常に重要な点であり，介護－被介護関係の形成によって，関係性が変容を遂げる場合も考えられる。

最後に，介護については看取りの段階に焦点を当てることも必要であろう。自らが提供した介護のあり方によって，看取り後の適応が異なる可能性がある。例えば，配偶者の評価が消極的な肯定やアンビバレントな状態であった親密性の低い高齢女性において，配偶者への介護に対す

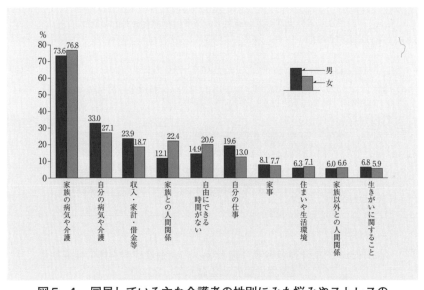

図5-4　同居している主な介護者の性別にみた悩みやストレスの
　　　　主な原因の割合（複数回答）（厚生労働省政策統括官，2018）

る後悔の念や罪悪感が確認されている（田口，2002）。配偶者との死別については，孤独感や抑うつ感等の否定的影響とともに（河合，1990；岡村，1994），死別を通しての人格発達（渡邉・岡本，2005；2006）も報告されている。被介護者，介護者双方の QOL を支えられる介護環境の整備や心理的支援のあり方が大きく問われている。

●学習課題

1. 親になることを願い、不妊治療に取り組んでいる夫婦への心理的支援について、生涯発達的視座から考えてみよう。
2. 在宅介護における介護者，被介護者双方が抱える悩みを挙げ，相互の心理的適応にとって有用な手立てについて考えてみよう。

引用文献

1. Arnett, J. J. (2000). Emerging adulthood: A theory of development from the late teens through the twenties. American Psychologist, 55, 469-480.
2. Bertalanffy, L.V. (1973). 一般システム理論−その基礎・発展・応用−（長野敬・太田邦昌，訳）. みすず書房.（Bertalanffy, L.V. (1968). General Systems Theory: Foundations, Development, Applications. New York: George Braziller.）
3. 伊藤裕子・相良順子（2012）. 定年後の夫婦関係と心理的健康との関連：現役世代との比較から 家族心理学研究, 26, 1-12.
4. 兼田祐美・岡本祐子　2007　ポスト子育て期女性のアイデンティティ再体制化に関する研究 広島大学心理学研究, 7, 187-206.
5. 河合千恵子（1990）. 配偶者を喪う時—妻たちの晩秋・夫たちの晩秋— 廣済堂出版
6. 河合千恵子（1992）. 共白髪の夫婦像 岡堂哲雄（編）現代のエスプリ別冊 マリッジ・カウンセリング 至文堂 Pp.191-207.
7. 小谷みどり（2006）. 老い支度に関する意識と実態 LifeDesign REPORT, 173,

4-15.

8. 厚生労働省（2019）. 平成 30 年（2018）人口動態統計月報年計（概数）の概況
   https://www.mhlw.go.jp/toukei/saikin/hw/jinkou/geppo/nengai18/index.html

9. 厚生労働省政策統括官（2018）. グラフでみる世帯の状況―国民生活基礎調査（平
   成 28 年）の結果から― 厚生労働統計協会

10. 無藤清子（2008）. 老年期の家族 中釜洋子・野末武義・布柴靖枝・無藤清子（編）
    家族心理学―家族システムの発達と臨床的援助 有斐閣ブックス Pp.181-151.

11. 中釜洋子（2001）. 家族の発達と心理臨床. 下山晴彦・丹野義彦（編）講座臨床
    心理学 5 発達臨床心理学 東大出版会 Pp.275-294.

12. 直井道子（2012）. 一人暮らし高齢者とその支援：家族と地域から 都市社会研
    究, 4, 36-50.

13. 岡林秀樹・杉澤秀博・高梨 薫・中谷陽明・柴田 博 （1999）. 在宅障害高
    齢者の主介護者における対処方略の構造と燃えつきへの効果 心理学研究,
    69, 486-493.

14. 岡村清子（1992）. 高齢期における配偶者との死別：死別後の家族生活の変化と
    適応 社会老年学, 36, 3-14.

15. 小此木啓吾（1997）. 対象喪失とモーニング・ワーク 松井豊（編）悲嘆の心理
    サイエンス社 Pp.113-134.

16. 清水紀子（2001）.「しなやかなアイデンティティ」定義に向けての試論―「語り」
    による, 子の巣立ちの体験から 金城学院大学大学院人間生活学研究科論集, 1,
    19-35.

17. 宍戸邦章（2008）. 実親・義親への世代間援助にみる「家」の原理：JGSS-2006
    に基づく分析 日本版 General Social Surveys 研究論文集, 7, 1-12.

18. Shuey, K. & Hardy, M. A. (2003). Assistance to aging parents and parents-
    in-law: Does lineage affect family allocation decisions? Journal of Marriage and
    Family, 65, 418-431.

19. 田口香代子（2002）. 高齢女性における配偶者喪失後の心理過程：死別前の夫婦
    関係が心理過程に及ぼす影響 家族心理学研究, 16, 29-43.

20. 高橋正人（1991）. 老年期の配偶者満足度 社会老年学, 33, 15-25.

21. 宇都宮博（2004）. 高齢期の夫婦関係に関する発達心理学的研究 風間書房

22. 宇都宮博（2008）. 結婚生活の継続による心理的影響－夫と妻, 子どもの視点か

ら－ 柏木惠子（編）日本の男性の心理学─もう 1 つのジェンダー問題─ 有斐閣 Pp. 127-132.

23. 宇都宮博（2011）．パラサイトシングルの子どもをもつ親たち 大川一郎・土田宣明・宇都宮博・日下菜穂子・奥村由美子（編）エピソードでつかむ老年心理学 ミネルヴァ書房 Pp.134-135.

24. 宇都宮博（2014）．高齢者の結婚生活の質と心理的適応および余暇活動－関係性ステイタスの観点から－ 高齢者のケアと行動科学, 19, 45-62.

25. 宇都宮博（2019）．中年期・老年期 日本家族心理学会（編）家族心理学ハンドブック 金子書房　Pp.123-129.

26. 渡邉照美・岡本祐子（2005）．死別経験による人格的発達とケア体験との関連 発達心理学研究, 16, 247-256.

27. 渡邉照美・岡本祐子（2006）．身近な他者との死別を通した人格的発達：がんで近親者を亡くされた方への面接調査から 質的心理学研究, 5, 99-120.

28. 山田 昌弘（1999）．パラサイト・シングルの時代 筑摩書房

29. 安田肇・近藤和泉・佐藤能啓（2001）．わが国における高齢障害者を介護する家族の介護負担に関する研究：介護者の介護負担感, 主観的幸福感とコーピングの関連を中心に リハビリテーション医学, 38, 481-489.

6 | 人生の途中で病・障害をかかえるということ

上手 由香

《**目標 & ポイント**》 わたしたちは，一生のうちで数々の予期せぬ事態に遭遇する。中高年の時期にはその中でも，自分自身が大病を患うことや，あるいは家族の病を体験することも少なくない。その後に後遺症が残る場合や，身体に障害をかかえることもある。本章では，そうした不測の事態により障害を負ったり，病に見舞われた人々の心理と，その際の心理的な支援について論じる。

《**キーワード**》 中途障害，障害受容，脊髄損傷，高次脳機能障害，がん，心的外傷後成長

1. 人生の半ばで障害をかかえるということ

（1） 中途障害による心理的影響

　私たちの身体は，誕生から死に至るまで，成長や老化という形で緩やかに変化していく。それとは別に，事故や病気など不測の出来事により，人生の半ばで障害を負うことを中途障害と呼ぶ。先天性の障害とは異なり，中途障害の場合は，身体機能の変化だけでなく，それをきっかけとした他者との関係性の変化，社会役割への影響など，それまで形成してきたその人のアイデンティティが揺らぐ体験となりうる。

　こうした中途障害者の心理については，第二次世界大戦の戦傷者に多くの身体障害者が発生したことで注目されるようになった。Grayson（1951）は障害を受け容れる心の作用を障害受容という概念で捉え，そ

の後の障害受容研究の発端となった。1960年代から1980年代にかけては，障害受容の過程を一連の段階で示した段階理論が注目されるようになった。

（2）　障害受容の段階理論

　ここでは障害受容のプロセスを段階として提唱したものとして，Cohn（1960）の理論を紹介する。

　Cohnは，Freud（1917）の対象喪失に伴う「悲哀の作業」を基盤とし，障害を喪失と捉えた。そして，その後の反応を心理的な回復過程と位置づけ，①ショック，②回復への期待，③悲嘆，④防衛，⑤適応の5段階を上げた。Cohnをはじめとした段階理論については，1980年代以降，医療現場において患者の心理状態を援助者側が段階理論に当てはめるだけの表面的な理解にとどまりやすいなどの懸念が指摘され，日本でも南雲（2002）を中心に，段階理論にもとづく安易な理解と対応は慎むべきであると警鐘が鳴らされている。特に，それまでに提唱された段階理論は，障害を負ってからリハビリが終了するまでの比較的短期間での変化に着目したものであったため，退院後の人生も含めた，長期的な視点で，中途障害者の障害受容過程を捉えなおす必要があると考えられた。

（3）　脊髄損傷者の障害受容過程

　これらの段階理論への批判を受け，小嶋（2004，2011）は，人生の半ばで障害者となった脊髄損傷者の語りをもとに，障害を負ってから現在に至るまでにどのような心理的変容を体験しているのかについてインタビュー調査をもとに検討した。脊髄損傷とは，脊髄が怪我や病気などなんらかの要因で破壊されてしまい，知覚や運動の麻痺が生じた状態を指す。脊髄の一部を損傷した場合，それより下の脊髄が支配していた機能に異常をきたすこととなる。どの部位を損傷したかで，身体機能の麻痺の程度は異なってくるが，例えば下肢麻痺の場合，車椅子を利用しての

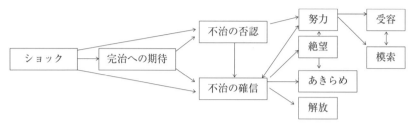

図6-1　脊髄損傷者の障害受容過程（小嶋，2004）

生活になるなど，社会生活や家庭生活に与える影響も大きな障害の一つと言える。

　小嶋（2004）によるインタビュー調査の結果，脊髄損傷者の障害受容過程は，図6-1に示すような10の状態像で捉えることができた。この図は，脊髄損傷者の心理的変化のプロセスを時間の経過に従って分析し，図示したものである。なお，図に示された心理的変化は，時系列順に比較的現れやすい順序を示したものであり，全ての脊髄損傷者が同じ順序を経たり，全ての段階を通過するというものではない。また，直線的に次の状態像に推移していくというよりは，実際には各状態像の行きつ戻りつを繰り返しながら推移していくものであろう。

　まず，損傷直後から身体的治療が中心となる急性期に体験されるのが『ショック』の状態である。ここでは損傷直後で身体的苦痛が強く，意識は不鮮明であることが多い。そのため，「ただそこに寝ているだけ」というように心理的には平穏で鈍磨した状態と言える。

　そこから次第に身体的治療が進み状態が安定してくる段階で生じるのが『完治への期待』である。この状態では，身体的変化に対する認識はあるものの，それはいずれ治るだろうという漠然とした期待を抱いている状態である。その後，医師や家族から障害が残ることを知らされたときに，心理的な混乱が生じる。すぐには障害が残ることを納得すること

ができず，手術やリハビリを続けることで治るのではないかと期待するのが『不治の否認』の状態である。この状態では告知をした医師に対して不信感や怒りが表現されたり，自分だけは特別に治るのではないかという願望を抱くことも多い。

　そして時間の経過とともに，脊髄損傷が治らないもの，今後も障害が残るということを自覚する段階が次の『不治の確信』の状態である。これは医師からの告知が直接的な確信へとつながった場合もあれば，リハビリを開始するなど，時間が経過しても身体的回復が見られないことや，周りにいる他の脊髄損傷者の様子を見て，自然に理解するに至った場合もみられた。そして，自分の身体に障害が残るということを認識した後に，『絶望』の段階に至る事例が多くみられた。ここでは，死にたいという思いが浮かぶなど，激しい絶望感や無力感に襲われる。また，障害を負った身体でこの先を生きていくことへの不安から，悲嘆にくれる状態であり，心理的には最も危機的な状態像と言える。

　しかし，ここから，リハビリの開始をきっかけに，障害により制限されることを他のことでカバーしようとしたり，できないことを克服しようという活力が湧いてくる『努力』の段階への移行がみられた。この段階では，リハビリによる日常動作の回復や，車椅子で移動ができるようになるなど，現実的な行動範囲の広がりを通して，世界が少しずつ広がっていく喜びや，障害がありながらも自分にも何かできることがあるという有能感が回復してくる。また，自分と同じ脊髄損傷者の姿に希望を感じたり，彼らの姿がモデルとなり，次第に将来への希望や活力が得られる時期である。

　しかし，このような有能感の回復や活力の回復がみられない場合もある。その場合，慢性的な無力感や抑うつ感が持続する『あきらめ』の状態に至っていた。一方，障害を負ったことで，それまで自分が背負って

いた社会的な役割や責任などから解放され，脊髄損傷による否定的な認識が少ない『解放』の状態像もみられた。これらの状態では一面的な安定感は得られているものの，社会役割の再獲得など，葛藤的な状況を回避する傾向があり，障害者としての自己像の深い問い直しがなされにくいという特徴がみられた。

　それに対して，退院後，社会や他者とのかかわりの中で，脊髄損傷者としての自分の生き方や社会での役割が試行錯誤されるのが『模索』の状態像である。この段階では，ときには障害者としての差別を受けることを通して自分を客観的に捉える場合もある。また，弱みを見せまいとしたり，健常者への気負いが強く，他者に頼ることへの抵抗が生じやすい。そして，社会的な自立ができないことへの焦り，排泄や性機能の問題に悩むなど，障害者としてのネガティブな側面に直面し，そこで新たな生き方が模索される。そして，脊髄損傷による否定的な変化を認識した上で，精神的な安定感や充実感が得られるようになる段階が『受容』の状態像である。また，『模索』の段階で特徴的であった他者への気負いから解放されることも，この段階での特徴である。また，排泄の失敗や慢性疼痛など脊髄損傷による身体的な問題は『受容』に至っても引き続いている場合が多い。ここからは，身体機能の問題をかかえながらも，それに心理的にとらわれすぎず，自己肯定感や安定感が得られた状態が『受容』の状態であると考えられる。

　しかし，『受容』が最終的な到達点ではなく，『受容』に至ってから再び『模索』に戻る場合もみられた。このことからは，『受容』が目指すべきゴールとしてあるのではなく，いったん『受容』の安定した心理状態へと至った後も，様々な体験を通し，自己像や社会役割の試行錯誤を繰り返しながらその後の人生を歩んでいくと言えるだろう。そしてこれは，脊髄損傷者に特別なものではなく，私たち全ての人間が社会や他者

とかかわり，生きていく中で生じる自然なプロセスであろう。

2. 高次脳機能障害の心理的反応と支援

　高次脳機能障害とは，脳梗塞などの脳血管障害や，外傷性の脳損傷，脳炎などよる脳損傷に起因する認知機能全般の障害である。認知機能の障害には，注意障害，記憶障害，遂行機能障害，社会行動障害などが含まれる。ここで言う高次脳機能とは，橋本（2012）によると①感情をコントロールする，②知覚情報から必要なものを選別する，③意識を集中し，持続させる，④言葉の意味やものの名前を覚え，経験してきたことを蓄積する，⑤ものごとを計画して実行する，⑥様々な可能性を考え，論理的に決断する，⑦思い描いた行動を実際に行うことなどが含まれる。例えば，脳卒中になった後，過去のことはよく覚えているのに，新しい情報が覚えられないという記憶障害がみられたり，何か作業をしていてもすぐに飽きてしまい，集中力が続かないといった注意障害がみられることがある。また，交通事故の後，温厚だった性格が，怒りっぽい人に変わったり，喜怒哀楽が激しく感情をコントロールできなくなるなど，感情表現の変化がみられることがある。高次脳機能障害とは，脳損傷後に，こうした様々な認知機能障害が後遺症として残り，社会生活が困難になった状態を指す。

　これらの認知機能の障害は，目に見えない障害であることから，周囲に気づかれにくく，また本人も病識がないことがある。そのため，周囲の人からは，怠けているように見えたり，性格の問題とされてしまい，本人や家族が適切なサポートを受けられないままトラブルをかかえることもある。また，高次脳機能障害の症状の一つとして，理解力や記憶力の障害により，自分の状態を理解することや，過去の自分との比較が困難になったり，自分の症状を否定するといった病識の欠如や，見当識の

障害により，自分のおかれている状況を客観的に理解することが難しくなり，症状の自己理解が進まないことがある（橋本，2012）。この場合，本人はリハビリや治療を拒否してしまったり，家族は負担を感じてしまうなど，本人とサポートする側との認識のギャップが生じやすい。また，入院中にはこうした症状に気づかれず，日常生活に戻ってから，以前との変化に周囲が気がつき，改めて専門機関を受診するに至ることも多い。特に，性格の変化や感情コントロールの難しさは，本人だけでなく，家族にも大きな困惑を生じさせる。

　高次脳機能障害への支援としては，医療機関により正確な診断を受け，本人の障害の特性に応じたリハビリを行うことが望まれる。それにより，本人や周囲が症状への理解を深めることができ，現在の生活にあった工夫が可能となり，状態の改善への繋がるとされる。また，医療機関だけでなく，元の職場への復帰や，新たな仕事を探す際には就労支援機関が，当事者同士の情報交換などが行える当事者団体などによる包括的な支援により，当事者と家族を支えることが望まれる。

3.　がん患者の心理的反応と支援

　日本における死亡率の年次推移を死因別にみると，明治から昭和初期まで多かった結核・肺炎などの感染症が第2次世界大戦後急速に減少し，それに代わり生活習慣病（がん・心疾患・脳血管疾患など）による死亡が上位を占めるようになった（図6-2）。その中でも，がんは1981年から死因の第1位であり，最近では総死亡の約3割を占める（がんの統計編集委員会，2017）。男性，女性ともに約2人に1人が生涯でがんの診断を受けるとされており，今やがんは社会的にも決して珍しいとは言えない疾患である（図6-3）。また，医学の進歩に伴い，5年生存率や生存期間の更なる延長が見込まれ，がんは長く付き合う長期的な疾患として

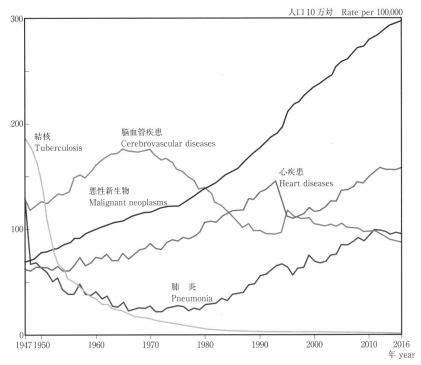

図6-2　日本における主な死因別死亡率の年次推移
（国立がん研究センターがん情報サービス「がん登録・統計」，2017）

　の変化がみられる。しかし，内閣府が実施した，がんに対する印象を尋
ねた調査では，がんを「怖いと思わない」とする者の割合が 26.8%，「怖
いと思う」者が 72.3% であり，怖いと思う理由として約 7 割の人が「が
んで死に至る場合があるから」を挙げている（内閣府，2016）。このよ
うに，今もなお多くの人にとって，がんは怖いもの，死に至る病という
イメージがあり，がんの診断を受けることは，心理的にも大きな衝撃を
与えることとなる。

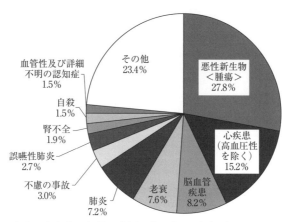

図6-3　主な死因別死亡数の割合（平成29年）（厚生労働省，2018）

　がん医療における心理面へのケアに対しては，日本では2007年4月にがん対策基本法が制定され，2007年6月よりがん対策推進基本計画に基づき，各都道府県で施策が進められている。目標として「すべてのがん患者およびその家族の苦痛の軽減と療養生活の質の維持向上」が明記され，がん患者や家族に対するQOLの向上が義務付けられた。それに伴い心のケアが重要視されるようになった。

　図6-4は，大谷・内富（2010）による，がん患者に対する心理的反応を示したものである。大谷らは，がん患者は，告知後の反応をはじめとして，手術や化学療法，放射線治療に対する不安，病気によるQOLの低下や予後に関する不安，再発への恐れ，緩和ケア移行時のショックなど常にストレスにさらされていると述べた。そして，がん告知をうけた最初の反応は衝撃で，患者は混乱のあまり医師の説明をほとんど理解できていないこともあるとされる。またその後，「もう死んでしまうのだ，もう終わりだ」といった絶望感や「どうして何も悪いことをしていないのに，自分が」といった怒り，悲しみが生じる。がんの種類や年齢など

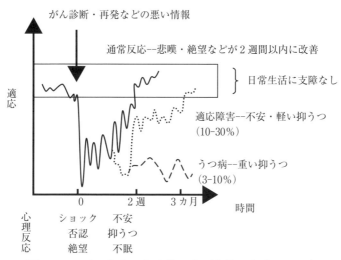

図6-4　がん患者の心理的反応（大谷・内富，2010）

によって程度の差はあるものの，それでも多くの人が適応するまでの間に，睡眠障害や食欲不振，抑うつ，焦燥といった症状が認められ，日常生活に支障を来す場合もあると述べている。

　馬場・内富（2011）は，このような告知後の衝撃が強い状態から，通常1週間から10日をかけて徐々に新しい生活に適応が始まり，情報を整理し，現実の問題と向き合う，つらいけれどもなんとか治療を受けていこうと前向きな気持ちを持つようになると述べている。その際，医療者や家族はこうした心理的な混乱は自然な反応であり，多くの人が経験するものであることを理解し必要に応じて，患者本人にも伝えることが役立つだろう。また，がんに対する苦悩や不安は，患者のそれまでの経験や，その時の家族構成などによっても異なる。患者それぞれの「固有の物語（馬場・内富，2011）」に耳を傾け，理解することが心理的なサポートにつながるだろう。

　また最近では，がん患者の就労や職場復帰に対する支援に社会的注目が集まっている。がん患者の就労に関してこれまでに様々な調査研究が行われ，離職率の高さや，再就職の問題，また就労に関する相談先がないことが指摘されてきた（例えば，古屋・高橋・立石・富田・平岡・柴田・森，2016）。これらの問題は，がんという病気に該当する話ではない。様々な病や障害をかかえながらも，就労をはじめとした社会参加が無理なくできる社会となることは，現代社会の構造的な改革として取り組む必要があるだろう。

4. 逆境からの肯定的な心理的変化

　がんなどの大病を患うことや，人生における様々な逆境に陥っても，そこから克服する心理的な過程で，他者との親密なつながりを体験すること，肯定的な人生観を得るなど，なんらかなポジティブな心理的変化や成長を体験することがある。がん経験者においても，がんによるネガティブな心理的変化だけでなく，人生の意味に対する肯定的再評価といったポジティブな心理的変化が生じることも報告されてきた。そのような心理的な体験を表す概念として，ベネフィット・ファインディング（benefit finding）や，心的外傷後成長（posttraumatic growth；以下PTG）などが提唱されている。

　PTG とは，非常につらく苦しいトラウマティックな出来事をきっかけとしての心の成長を指す（Tedeschi & Calhoun, 1996）。これまでに，自然災害，犯罪被害，交通事故，がんなどの身体疾患，中途障害，死別など，私たちが体験しうる様々な危機的状況に対する心理的反応に対する研究がなされてきた。

　清水（2016）は，がん体験者による調査から，がん体験者が感じるPTG として，「他者との関係」，「人生への感謝」，「人間としての強さ」，

「精神的変容」,「新たな視点」の5つのテーマを抽出した。「他者との関係」では,周囲の人の支えに気づいたり,相手の立場に立って考えられるようになったなどの変化が含まれる。「人間としての強さ」は,他人の評価を気にしなくなった,自分の気持ちに素直になれたなど,他者の意向を意識した過度の抑圧からの解放という側面があるとされる。また,「精神的変容」には,超越的な力を感じるようになる,自然に対する感性が鋭敏になるなどの内的な変化が含まれる。

　本章で述べてきた重い病を患うことや,中途障害を負うことは,ときにその人や周囲の人に深い苦悩をもたらし,社会的にも様々な変化が引き起こされる。こうした体験を受け入れるには時間がかかり,決して容易なことではない。しかし,PTGの研究で示されたように,逆境の体験が私たちの「生」に対する深い問い直しをもたらし,新たな気づきや精神的成長ともなりうることが示されている。

●**学習課題** ────────────────────────

　これまでの自分自身の人生において,身体の不調や病の体験が,自分自身や周囲の人に対し,どのような影響を与えたかについて,心理的な側面や社会的な側面から考えてみよう。

引用文献

1. 馬場華奈己・内冨庸介（2011）．がん患者の心の反応　内冨庸介・大西秀樹・小川朝生（編）サイコオンコロジーを学びたいあなたへ　文光堂

2. Cohn, N. (1961). Understanding the process of adjustment to disability. Journal of rehabilitation, 27 (6), 16.

3. Freud, S. (1917). Mourning and Melancholia. Standard Edition vol.14. trans. Strachey J, London, Hogarth Press, pp.237-260. 1957.
   （井村恒郎・小此木啓吾（訳）（1970）．悲哀とメランコリー　フロイト著作集6　人文書院 pp.137-149.）

4. 古屋佑子・高橋都・立石清一郎・富田眞紀子・平岡晃・柴田喜幸・森晃爾（2016）．働くがん患者の就業配慮における産業医から見た治療医との連携に関する調査．産業衛生学雑誌, 58（2）, 54-62.

5. Grayson, M. (1951). Concept of acceptance in physical rehabilitation. Journal of the American Medical Association, 145（12）, 893-896.

6. 橋本圭司（2012）．高次脳機能障害のリハビリがわかる本　講談社

7. 岩井阿礼（2009）．中途障害者の「障害受容」をめぐる諸問題：当事者の視点から．淑徳大学総合福祉学部研究紀要, 43, 97-110.

8. 国立がん研究センターがん情報サービス（2017）「がん登録・統計」

9. 小嶋由香（2004）．脊髄損傷者の障害受容過程－受傷時の発達段階との関連から－．心理臨床学研究, 22（4）, 417-428.

10. 小嶋由香（2011）．脊髄損傷者の語りと心理臨床的援助：障害受容過程とアイデンティティ発達の視点から．ナカニシヤ出版

11. 厚生労働省（2018）平成29年（2017）人口動態統計月報年計（概数）の概況　https://www.mhlw.go.jp/toukei/saikin/hw/jinkou/geppo/nengai17/index.html

12. 南雲直二（2002）．社会受容—障害受容の本質．荘道社, 66-76.
    内閣府（2016）平成28年度がん対策に関する世論調査　https://survey.gov-online.go.jp/h28/h28-gantaisaku/index.html

13. 野村和弘・門山茂・石川睦弓・山口建（2011）．がん患者治療中・治療後の職場復帰支援に関する社会資源の調査．日職災医誌, 59, 255-262.

14. 大谷恭平・内富庸介（2010）．がん患者の心理と心のケア．日本耳鼻咽喉科学会会報, 113（2）, 45-52.

15. 清水研（2016）．がん医療における PTG 研究と臨床への活用　宅香菜子（編）PTG の可能性と課題　金子書房

16. 高橋都（2013）．がん患者と家族の治療と就労の両立に関するインターネット調査：最終報告．厚生労働省「働くがん患者と家族に向けた包括的就業支援システムの構築に関する研究」班　平成 24 年度 総括・分担研究報告書

17. Tedeschi, R. G., & Calhoun, L. G.（1996）. The Posttraumatic Growth Inventory: Measuring the positive legacy of trauma. Journal of traumatic stress, 9（3）, 455-471.

7 | 定年退職にかかわる心理臨床

大塚 泰正

《**目標 & ポイント**》 本章では，定年退職にかかわる心理臨床の近年の動向について解説する。はじめに，2012 年の高年齢者雇用安定法の改正が定年退職に関する考え方の変化に及ぼす影響について概観し，続いて，従来の生涯発達に関する研究において指摘されている，定年退職にまつわる心理社会的課題についてまとめる。最後に，定年退職にまつわる心理臨床的支援の一例として，中高年者を対象とした新たなキャリアコンサルティング技法について解説する。

《**キーワード**》 定年退職，中高年，高年齢者雇用安定法，心理社会的課題，キャリアコンサルティング

1. 定年退職にかかわる近年の動向

　2018 年現在，年金支給開始年齢の段階的引き上げが実施されており，2025 年には年金支給開始年齢が 65 歳になる。従来，多くの企業等では 60 歳定年制が導入されていた。しかし，現行の制度では 60 歳で定年を迎えると給与や年金が支給されない期間が生じてしまうことになる。このような課題を解決するため，2012 年に高年齢者等の雇用の安定等に関する法律（高年齢者雇用安定法）が改正され，定年に対する考え方は大きな転換点を迎えることになった。

　高年齢者雇用安定法は，定年の引上げ，継続雇用制度の導入等による高年齢者の安定した雇用の確保の促進，高年齢者等の再就職の促進，定

年退職者その他の高年齢退職者に対する就業の機会の確保等の措置を総合的に講じ，もって高年齢者等の職業の安定その他福祉の増進を図るとともに，経済および社会の発展に寄与することを目的としたものである。2012年の改正では，継続雇用制度の対象となる高年齢者を事業主が労使協定により定める基準により限定できる仕組みを廃止すること，継続雇用制度の対象となる高年齢者が雇用される企業の範囲をグループ企業まで拡大する仕組みを設けること，高年齢者雇用確保措置義務に関する勧告に従わない企業名を公表する規定を設けること等が加えられた。65歳未満の定年を定めている事業主には，65歳までの雇用を確保するため，従来から①定年の引き上げ，②継続雇用制度の導入（労使協定により基準を定めた場合は，希望者全員を対象としない制度も可），③定年の定めの廃止，という3つの高年齢者雇用確保措置と呼ばれる措置を導入する義務が課されていたが，2012年の改正に伴い，②に付されていた「労使協定により基準を定めた場合は，希望者全員を対象としない制度も可」は削除された。すなわち，継続雇用を希望する者には，原則として全員無条件に継続雇用制度を適用することが，事業主に義務付けられたわけである[1]。

　「平成29年『高年齢者雇用状況』集計結果」（厚生労働省，2017）によると，何らかの高年齢者雇用確保措置を実施済みの企業の割合は99.7％（155,638社）となっており，ほぼすべての企業で何らかの措置が導入されていることが明らかとなっている。その内訳は①定年の引き上げ

1）　改正高年齢者雇用安定法が施行されるまでに労使協定により継続雇用制度の対象者を限定する基準を定めていた事業主の場合は，経過措置として，老齢厚生年金の報酬比例部分の支給開始年齢以上の年齢の者について，継続雇用制度の対象者を限定する基準を定められることが認められている。なお，心身の故障のため業務に堪えられないと認められることや，勤務状況が著しく不良で引き続き従業員としての職責を果たし得ないことなど，就業規則に定める解雇事由または退職事由（年齢に係るものを除く）に該当する場合には，継続雇用しないことができる。ただし，継続雇用しないことについては，客観的に合理的な理由があり，社会通念上相当であることが求められると考えられることに留意することが必要である（厚生労働省，2012）。

を行っている企業が17.1%（26,592社），②継続雇用制度の導入を行っている企業が80.3%（124,982社），③定年の定めの廃止を行っている企業が2.6%（4,064社）であった。このことから，高年齢者雇用確保措置として，継続雇用制度を導入している企業が最も多いことが分かる。継続雇用制度を導入している企業の継続雇用先は，自社のみである場合が94.1%と最も多かった。このことから，高年齢者の多くは60歳以降も同じ企業に勤務する者が大部分であることが分かる。

また，同集計結果では，希望者全員が65歳以上まで働ける企業は118,081社であることが示されている。内訳は，従業員数301名以上の大企業が8,983社，300名以下の中小企業が109,098社となっており，特に中小企業では65歳以上まで勤務が継続できる可能性が高いと言える。ただし，実際には65歳を定年と定めている企業が最も多く，66歳以上まで働ける企業になると8,895社（大企業355社，中小企業8,540社）となる。このことから，年金の支給開始年齢に合わせて定年退職年齢を設定している企業が多い様子がうかがえる。

2. 定年退職にまつわる心理社会的課題

働く人々にとって，定年退職は人生における大きなライフイベントの一つである。定年退職がどのような意味を持つかについては個人差が大きいが，いずれにせよ定年退職を機に生活様式や経済状況，対人関係などに大きな変化が生じることは間違いない。定年退職を迎えた人々には，新たな環境に再適応するため，相応の努力を払うことが求められると言える。

中高年者が定年退職後の環境に適応し，自分らしく過ごしやすい人生を歩んでいくためには，自ら前向きに様々な努力を行っていくことが必要である。岡本（1997）は，60歳以上の男性高齢者83名を対象に調査

を行い，老年期のアイデンティティ態様を表7-1の5種類に分類し，退
職生活の充足感との関連を検討した。その結果，現在の生活・活動への
関与が積極的であるほど，充足度が高いという関連を見出した。岡本
（1994）は，アイデンティティのラセン式発達モデル（図7-1）を提唱し，
人生の様々な時期において，危機→再体制化→再生というプロセスが生
じることを指摘しているが，定年退職期も，このようなプロセスが生じ
やすい時期の一つであると言える。

　では，定年退職後に現在の生活や活動への関与を積極的に行うには，
何が必要なのであろうか。岡本（1997）は，表7-1の5種類の老年期の
アイデンティティ態様とErikson（1963 仁科訳，1977）の図式で示さ
れている心理社会的課題の達成状況との関連について検討している。そ
の結果，A.積極的歓迎型とB.退職危機転換型は，老年期以前のどの段

表7-1　老年期のアイデンティティ態様（岡本，1997）

アイデンティティ態様	定年退職（現役引退）の受けとめ方	現在の生活・活動への関与	退職生活の充足感	人数（%）
A.積極的歓迎型（Ⅰ アイデンティティ達成①型）	退職を肯定的に捉え，歓迎している。	積極的関与をしている。	高い	30（36.1）
B.退職危機転換型（Ⅱ アイデンティティ達成②型）	退職を危機的，否定的に捉えている。	積極的関与をしている。	高い	10（12.0）
C.受動的歓迎型（Ⅲ 予定アイデンティティ型）	退職を肯定的に捉え歓迎しているが，disengagement的。	活力・エネルギーは乏しく受動的な関与である。	中程度〜高い	25（30.1）
D.危機継続型（Ⅴ アイデンティティ拡散型）	退職を危機的，否定的に捉えている。	積極的関与はほとんど見られず，無為の生活を送っている。	低い	9（10.8）
E.あっさり移行型（Ⅴ アイデンティティ拡散型）	肯定的／否定的のいずれでもなく単なる節目として認知している。	中程度の関与。	中程度	9（10.8）
合　計				83（100.0）

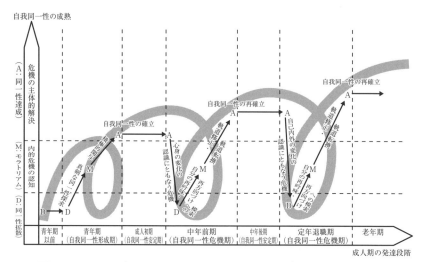

図7-1　アイデンティティのラセン式発達モデル（岡本，1994）

階の心理社会的課題もよく達成できているが，一方でD.危機継続型は
全体的に達成が低いことが示されている。A.積極的歓迎型とB.退職危
機転換型は，退職を肯定的に捉えているか，それとも危機と捉えている
かについては違いが認められるものの，いずれも退職者としてのアイデ
ンティティを再確立できているという点では共通しているため，退職後
の新たな環境に積極的に再適応しようとする行動が活性化されやすいと
言える。これらのことを踏まえると，定年退職後に現在の生活や活動へ
の関与を積極的に行うには，老年期以前の心理社会的課題を達成してお
くことが重要であると言える。

　深瀬・岡本（2010）は，それ以前の心理社会的課題と対応する老年期
の心理社会的課題を図7-2のようにまとめている。深瀬・岡本（2010）
には各課題の達成状況を判別するための質問項目や評定マニュアルの概
要が示されているため，これらを用いることで，ある程度中高年者の心

	1	2	3	4	5	6	7	8
老年期	感謝 対 不信感	内的・外的自律 対 自律の放棄	挑戦 対 目的の喪失	喜び 対 劣等感	確固とした自己 対 自己の揺らぎ	揺るぎない関係 対 途絶え	祖父母的世代継承性 対 隔たり・逆転の拒否	自我の統合 対 絶望
Ⅶ 中年期							世代継承性 対 自己陶酔	
Ⅵ 成人初期						親密性 対 孤立		
Ⅴ 思春期青年期					アイデンティティ達成 対 アイデンティティ拡散			
Ⅳ 児童期				勤勉性 対 劣等感				
Ⅲ 幼児後期			自発性 対 罪悪感					
Ⅱ 幼児前期		自律性 対 恥・疑惑						
Ⅰ 乳児期	基本的信頼感 対 不信感							

図7-2　老年期の心理社会的課題（深瀬・岡本，2010 をもとに著者一部加筆）

理社会的課題の達成状況を知ることができると思われる。例えば，第Ⅰ段階の心理社会的課題（「基本的信頼感 対 不信感」，老年期では「感謝 対 不信感」）の達成状況を調べるため，中高年者に対して「自分を育ててくれた人とのかかわりはどのように心に残っていますか？」という質問を行い，育ててくれた人への感謝が示された場合は，第Ⅰ段階の課題は達成できているとみなすことができる。未達成の心理社会的課題を達成するための方法については，まだ明確な効果が認められているものは著者の知る限り少ないが，いくつかの研究では，自分史を書くこと（山田，2000）や，誰かに自分のことを語ること（山口，2004）が，心理社会的課題の達成に寄与する可能性が示唆されている。

3. 定年退職にまつわる心理臨床的支援

　厚生労働省は，特定非営利活動法人キャリアコンサルティング協議会
への委託事業として，キャリアコンサルタント・キャリアコンサルティ
ングの質の向上を図るため，労働者の属性に応じたキャリアコンサルテ
ィング技法の開発を行い，その内容を報告書としてまとめている（厚生
労働省，2018）。この報告書では，その一部として，定年を控えた主に
50歳代の中高年者向けのキャリアコンサルティング技法についてまと
められている。中高年者の①自己理解に取り掛かる段階，②自己理解を
さらに深め，将来に目を向ける段階，③具体的に将来を考える段階，の
各段階に応じて，活用することが可能な各種シートも用意されており，
キャリアコンサルタントがこれらを用いて効果的にキャリアコンサルテ
ィングを行うことができるよう工夫されている。

　本節では，中高年者の各段階に応じた心理臨床的対応方法の例につい
て，厚生労働省（2018）による報告書を中心に紹介する。なお，報告書
や各種シートについては，厚生労働省ホームページ（https://www.
mhlw.go.jp/stf/seisakunitsuite/bunya/koyou_roudou/jinzaikaihatsu/
career_consulting_gihou.html）からダウンロードすることができる。
また，キャリアコンサルティング技法の使用方法に関する説明動画も掲
載されている。キャリアコンサルタントに限らず，中高年者のキャリア
支援を行う際には，ぜひこの厚生労働省ホームページに目を通していた
だきたい[2]。

（1）　自己理解に取り掛かる段階の心理臨床的支援

　中高年者の中には，自分自身のことをあまり振り返らずに人生を歩ん

---

2)　中高年向け技法の使用に相応しいキャリアコンサルタントは，各属性に共通
　する倫理的な留意点に加え，以下の要件を満たす者である。
　（1）企業における標準的な中高年のキャリア形成上の課題を理解している者。
　（2）中高年が抱える不安や不満についての理解があり，その気持ちに寄り添える者。
　（3）中高年を取り巻く環境変化について，幅広く情報を有している者。
　（4）資産設計に関する基本的なファイナンシャル知識を有している者。

できた者もいる。このような人々は，例えば雇用の安定性が崩壊し，新たな進路選択を迫られたとき，特に不安定になりやすい。また，長年の職業生活から，自分のことを他人にあまり開示せずに生きてきた人もいる。このような中高年者の場合には，あらためて自己理解に取り組んでいただくことが必要になる。

　自己開示に強い抵抗を感じている場合には，「気づきのチェックシート」（図7-3）に回答してもらい，自分が仕事や他人に対してどのようにかかわってきたのかを整理することから始めるとよい。なお，キャリアコンサルタントが相談者の話を積極的に傾聴し，信頼関係を構築することが前提として重要であることは言うまでもない。

　次に，4つのワークから構成される「自己理解～行動・特徴把握シート」（図7-4-1～7-4-4）を行う。まず，ワーク1では，職場にいてほしいと思う中高年，および，職場にいてほしくないと思う中高年の特徴についてそれぞれ自由に挙げてもらう。このワークでは他人に対する評価を回答してもらうが，実際の回答には自分自身の価値観や態度等が反映されていることが多い。

　ワーク2・ワーク3では，職場にいてほしい・いてほしくないと周りから思われていると考える「自分」について書き出してみる。これらのワークに回答することで，自分にできているところ・できていないところが明確になり，自己理解が促進される。なお，ワーク3では自分のできていないところに目を向けなければならないため，人によってはつらい作業になる場合がある。そのようなときには，性急にワークを進めず，少し時間をかけて本人のペースに合わせてゆっくりとワークを行っていくことも考慮したい。

　実施したワーク1～3を踏まえて，ワーク4において相談者が改善を要すると思う点を明確化し，①いつまでに，②何を，③どのように行う

気づきのチェックシート

	項　目	はい	どちらかというとはい	どちらかというといいえ	いいえ
コミュニケーション	相手に誤解されやすい	1	2	3	4
	相手の気持ちがよくわからない	1	2	3	4
	気配りをするのは苦手な方だ	1	2	3	4
	人見知りをする	1	2	3	4
	自分の意見をはっきり言える	1	2	3	4
	苦手な人とはできるだけ関わりたくない	1	2	3	4
	人に指図されることが多い	1	2	3	4
	質問が終わる前に答えてしまう	1	2	3	4
	話が冗長と言われる	1	2	3	4
	話が一方的と言われる	1	2	3	4
仕事	うっかりミスが多い	1	2	3	4
	集中力が続かない	1	2	3	4
	聞き違いが多い	1	2	3	4
	複数の仕事を頼まれるのは苦手だ	1	2	3	4
	新しいことはできればやりたくない	1	2	3	4
	責任感は強い方だ	1	2	3	4
	決断することは苦手だ	1	2	3	4
	任されたことは最後までやり通す	1	2	3	4
	筋道を立て考えることができる	1	2	3	4
	向上心をもって仕事に取り組んでいる	1	2	3	4

厚生労働省　平成29年度労働者等のキャリア形成における課題に応じたキャリアコンサルティング技法の開発に関する調査・研究事業

図7-3　気づきのチェックシート（厚生労働省，2018　改変）

自己理解～行動・特徴把握シート

ワーク1

あなたが，役職定年後も職場にいてほしいと思うような中高年と，逆に職場にいてほしくないと思うような中高年をイメージし，どのような態度・行動の特徴があるか挙げてください。

職場にいてほしい中高年者	職場にいてほしくない中高年者
役職を降りた後は，「プレイヤー」に徹して会社に貢献している人	役職を降りた後でも，相変わらず上司気分で仕事をしている人
・基本的に自分の仕事は全て独力でこなし，人の助けを借りることは稀である。 ・自分の立場をわきまえており，上司やチームの方針に従う。意見を言う場合はあくまでも謙虚な姿勢を崩さない。 ・ポジティブオーラを放出しており，周りで働いている人のモチベーションや生産性を上げることに貢献する。	・面倒な仕事は，かつての部下や後輩・若手等に押し付け，自分ではやろうとしない。 ・あいつのやり方は間違っている，等々現在の上司等を公然と批判する。 ・ネガティブオーラを放出しており，周りで働いている人のモチベーションを下げている。

両者の態度・行動の違いを書き出してみましょう。

・社内における自分の立場・役割，求められること等が変わったことを認識しているかどうか。

厚生労働省　平成29年度労働者等のキャリア形成における課題に応じたキャリアコンサルティング技法の開発に関する調査・研究事業

図7-4-1　自己理解～行動・特徴把握シート　ワーク1
（厚生労働省，2018　改変）

自己理解〜行動・特徴把握シート
ワーク2

ワーク1を自分に置き換えてみます。
「職場にいてほしい」と周りから思われていると考える，自分について
書き出して下さい。

・営業の経験やノウハウを後進に伝えたいという志を持っている。
　特に営業における仕事の進め方，施主との関わり方について，
　経験が浅い後進に対して，ノウハウを伝授する意欲を持っている。

・自分に与えられた仕事は，基本的には自力・独力で行うようにして
　いる。

厚生労働省　平成29年度労働者等のキャリア形成における課題に応じたキ
ャリアコンサルティング技法の開発に関する調査・研究事業

図7-4-2　自己理解〜行動・特徴把握シート　ワーク2
（厚生労働省，2018　改変）

自己理解〜行動・特徴把握シート

ワーク3

ワーク1を自分に置き換えてみます。
「職場にいてほしくない」と周りから思われていると考える，自分を書き出してみましょう。

・積算内訳書や見積書(専用ソフトを使用)の作成は得意ではないので，つい若手に任せてしまう（押し付けられていると感じている可能性有）。
・体調が悪い時や虫の居所が悪い時などは，些細なことであっても周りに厳しい言葉遣いをすることがある（時にはきつく当たってしまう）。
・後進にしっかりと教育したい（自分のノウハウを伝授）という思いはあるが，実際に伝える段になるとうまく伝えることが出来ない。相手の話を聞く姿勢・態度や，理解力の無さが我慢ならず，きつく当たってしまい，失敗することしばしば。

厚生労働省　平成29年度労働者等のキャリア形成における課題に応じたキャリアコンサルティング技法の開発に関する調査・研究事業

図7-4-3　自己理解〜行動・特徴把握シート　ワーク3
（厚生労働省，2018　改変）

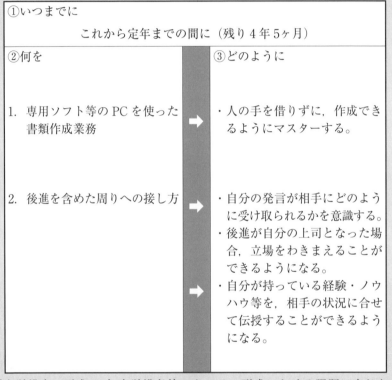

図7-4-4　自己理解〜行動・特徴把握シート　ワーク4
(厚生労働省，2018　改変)

かについて，具体的に記述する。ワーク4を整理することによって，自分が取り組むべき課題が明確になり，今後具体的なアクションを取ることにつながりやすくなる。

（2）　自己理解をさらに深め，将来に目を向ける段階の心理臨床的支援

　この段階では，自分が持っている知識，スキル，資格や，人生における様々なエピソードやキャリア・アンカー（自分の核となる自覚された才能・動機・価値の型；Schein, 1978 二村・三善訳 1991）等を整理して自己理解をさらに深めるとともに，将来に向けての目標を立てていく。この段階で活用できるシートとして，「人生後半戦のライフ・キャリアシート（在職者用）」（図7-5-1〜7-5-5）が開発されている。「在職者用」と記されているように，主な対象者は在職中で役職定年や再雇用を迎えた中高年であるが，内容的には在職者以外の中高年者にも適用できる部分が多いように思われる。

　このシートは，A〜Dの4つのパートに分かれている。Aでは，自分の職務経験を振り返り，得られた知識・能力・スキル，取得済みの資格，能力開発や自己啓発のために学んだこと，印象に残っている経験やエピソード等について整理していく。Bでは相談者に，横軸を時間，縦軸をキャリアに対する満足度としたライフラインチャートを作成してもらう。満足度が高かった時期は，「なぜこの時期は満足度が得られていたのか」，低かった時期は，「なぜこの時期を乗り越えられたのか」等について内省してもらい，その内容をライフラインチャート上に記入していく。Cでは，仕事に対するこだわり（働く上で自分が大事にしたい価値観）や，自分の強みと弱み等について整理する。本シートではあらかじめいくつかのチェック項目が用意されているため，相談者は項目にチェックしていくことで，自分の価値観や強み等が理解しやすくなるよう工夫されている。以上のA〜Cより，自分にはどのような特長があるのか

114

人生後半戦のライフ・キャリアシート（在職者用）

作成日： 30 年 3 月 3 日

ふりがな	きやり　あたろう	生年月日	S 37 年 6 月 18 日
氏　名	木屋理　亜太郎		

今後のライフ・キャリアを考えるため，自分が大事にしたい価値観や強み・弱み，これまでに得られた知識・能力・スキル等を整理していきます。きれいな文章・文字で書く必要はありません。これまでの職業人生を振り返りながら書き込んで下さい。また，記入しきれないときは，適宜，別紙等に記入してください。
※事前に記入してください。これまでの仕事経験を想い出しながら，記入できる範囲で結構です。

A-1 職業経験等から得られた知識・能力・スキル等

これまでの職業経験の中で，得られた知識・能力・スキル等を職務内容とともに記入してください。

職務期間（年月～年月） 会社・団体名	職責・役割	職務の中で学んだこと， 得られた知識・能力・スキル等 （項目ごとに，線を引いて区分しましょう。）
平成15年9月～現在 　株式会社　キャリア食品	総務課　課長 人事労務管理を含む総務全般	①社会保険の手続き全般の知識 ②人材開発の助成金申請のスキル ③表計算ソフト活用のスキル ④タブレットを活用した労務管理
昭和59年4月～平成15年3月 　株式会社　キャリア印刷出版	営業部　営業部員 販促ツールの開発の受注営業	①イラレ，フォトショの操作 ②印刷機の仕組みや工程の知識 ③ノベルティグッズの知識 ④法人営業のコツ

A-2 取得資格

これまでに取得してきた資格と，その資格によってどんな仕事ができるのか記入してください。

職務期間（年月～年月） 免許・資格の名称	免許・資格の認定期間の名称	免許・資格の内容等 （項目ごとに，線を引いて区分しましょう。）
昭和58年8月　普通（現8t 限定中型）自動車第一種免許	千葉県公安委員会	昔取ったので総車両重量8t まで運転可能

A-3 能力開発・自己啓発のために学んだこと

これまで受講したセミナー，通信教育等で学んだこと，得られた知識・技能等を記入して下さい。

受講した時期	実施機関・団体名 講習・セミナー名	内容（学んだこと，得られたもの） （項目ごとに，線を引いて区分しましょう。）
平成27年12月	中災防 メンタルヘルス対策に活かす 職場環境改善セミナー	メンタルヘルス不調者の発生を 未然に防ぐ方法として，作業者 の環境や作業方法を含む「職場 環境」に着目し改善を図る取り 組み事例やツール導入の知識。

厚生労働省　平成29年度労働者等のキャリア形成における課題に応じたキャリアコンサルティング技法の開発に関する調査・研究事業

図7-5-1　人生後半戦のライフ・キャリアシート（在職者用）
（厚生労働省，2018　改変）

A-4 今までの職業経験の中で，自分に影響を与え，印象に強く残っている経験・エピソード

いつ，どこで，誰と・誰に対して，何を，どのように，どんな印象（良し悪し），どんな影響（ターニングポイントなど）等，経験・エピソードを順位付けして，できるだけ具体的に記入して下さい。経験・エピソードごとに線を引いて区分して下さい。

例1：入社3年目，取引先に営業に行き断られた。その後も足しげく通い，10回目に熱心さを買われて500万円の注文を獲得した。
例2：入社5年目，人事異動で自分がずっと希望していた自動車の車体デザインをする部署に配属になった。

順位	時期・年齢	経験・エピソードの内容
第1位	H15年41歳	倒産して失業した時に，以前の取引先の社長から入社の声をかけられた。
第2位	H25年51歳	会社案内を，ネット印刷で刷った際に納期・価格ともに革新的で感動した。
第3位	H24年50歳	初めて総務の仕事をしてみて間接部門と営業等の現場との仕事の違いに驚いた。
第4位	H19年45歳	過去最大の2億円の契約を獲得して，社内表彰を受けた。
第5位	S59年22歳	コピーに他メーカーのトナーを入れたら壊れて200万円の損害を出してしまった。

※ **B-1** ライフラインチャートは118ページにて

C-1 働く上でのこだわり（大事にしたい価値観）

自分が仕事を行う上でのこだわり（大事にしたい価値観）を選択し，該当する番号左の空欄に○をつけて下さい。複数選択可能です。

	1	専門性を生かしたい		10	開発や発明等の創造性のある仕事をしたい
	2	仕事の中で専門家として能力を発揮したい		11	世の中をよくするための仕事をしたい
	3	経営に関わる仕事をしたい		12	医療や福祉等の人や社会に貢献できる仕事をしたい
	4	管理者，経営者として働きたい		13	誰もが尻込みする困難な仕事にチャレンジしたい
○	5	自分のやり方や自分のペースで仕事をしたい		14	安定よりも挑戦を求めて仕事がしたい
	6	組織で働くよりも独立して仕事がしたい	○	15	仕事だけでなくプライベートを大事にしたい
○	7	安定している組織で働き，確実な報酬を得たい	○	16	育児や介護休暇等が取りやすい組織で仕事をしたい
	8	中小企業よりも大企業で仕事がしたい		17	その他（　　　　　　　）
	9	新たな組織の起業や，組織の再建等の仕事がしたい		18	その他（　　　　　　　）

C-2 自分のこだわり（大事にしたい価値観）に関する感想

【C-1】の結果を見て，どのようなことを感じますか。感想を記入して下さい。

一度，倒産を経験したので，安定を一番に求める。また，営業時代はほとんど家族に関われずに来たが，今後は親の介護なども出てくると思うので対応できるようにしたい。

C-3 自分の「強み」と「弱み」

下記の表から，非常に自信があるものに◎，ある程度自信があるものに○，あまり自信がないものに△，自信がないものに×を番号左の空欄につけて下さい。すべての項目に印をつける必要はありません。

◎	1	指示を与えられたらスピーディに対応する	◎	17	目標を決め，課題を明らかにした上で仕事の計画を立てる
◎	2	顧客には丁寧・親切に対応する	○	18	自分の仕事の流れを把握する
◎	3	手を抜かず真面目に対応する	△	19	仕事にミスがないかチェックする
○	4	異なる価値観を持つ人に偏見的な接し方をしない	○	20	業務にとって最低限必要な知識・技能を持つ
◎	5	自分の仕事の約束を守り，論理的な問題を起こさない	△	21	個人の意見も聞いたり，気心の知れた集団の中で意見を調整する
◎	6	必要な情報を集める	◎	22	相手にやってほしいことを明確に指示，要求する
△	7	論理的に整理された考えや意見を出す	△	23	自分ができることを指導したり教育する
○	8	具体的情報を絵や図表を用いて表現できる	○	24	指示を受けて協力したり協調・協力の姿勢を示す
○	9	事実と意見を混同せず，できる限り客観的な状況判断を行う	◎	25	自分の言いたいことや情報を正確に伝える
◎	10	コスト意識を持って仕事に取り組む	○	26	自分の強み，弱み，限界を把握している
◎	11	プレゼンテーションの準備から実行する	△	27	不満な状況に陥っても，気持ちを切り替えてすぐに前向きに対応する
◎	12	関わる人に関心を示し，コミュニケーションを図ろうとする	◎	28	指示されたことを勉強する
△	13	あまり複雑でない，やっかいでない課題に対処する	○	29	自分の伝えたいことを前向きな言葉や態度で伝えている
◎	14	気持ちの良い受け答えやマナーの良い対応をする	◎	30	いざというときにはやる気をみせる
△	15	ビジネスの動向に関心を示す		31	その他（　　　　　）
◎	16	組織の命令系統・ルールに従う		32	その他（　　　　　）

厚生労働省　平成29年度労働者等のキャリア形成における課題に応じたキャリアコンサルティング技法の開発に関する調査・研究事業

図7-5-2　人生後半戦のライフ・キャリアシート（在職者用）
（厚生労働省，2018　改変）

C-4 自分の強みと弱みに関する感想

【C-3】の結果を見て，どのようなことを感じますか。感想を記入して下さい。

> 営業が長かったので，対人関係の構築やマナーなどについては強みがあると感じる。組織のルールなどは今まで
> もしっかり守ってきたし，総務という部署で働くことでコスト意識も磨けたと思う。
> 一方で，人を指導したりするのは苦手というか，自分でやった方が早いので，ついつい自分でやってしまう点は
> 弱みだと感じた。

C-5 自分の強みと改善したい自分の弱み

【C-3】の結果を見て，どのような「強み」を認識しましたか。
またどのような「弱み」を改善したいですか。【C-3】の番号を最大5つまで記入して下さい。

自分の強み					改善したい自分の弱み				
2	3	12	10	16	15	19	22	23	21

A-1 ～ **C-5** の振り返り

【A-1】～【C-5】を振り返ってみて，自分にはどのような特長があるのか，気づいたことを自由に書き
出してみましょう。図や絵を使って，自由に表現して下さい。

> 営業職が長かったこともあり，人間関係を作ったり，顧客のニーズ
> を把握するなどのコミュニケーション力には自信がある。現在の総
> 務という仕事は，社内に対しての仕事が多いが，対外的な折衝等も
> あるのでそういう長所は活かされていると思う。一方で，今後は，
> 従業員のスキルUPなどの人材開発に取り組むことが会社の方針で
> あるので，人材を育成して人財を育むことで，会社に貢献したい。

厚生労働省　平成29年度労働者等のキャリア形成における課題に応じたキャリアコンサル
ティング技法の開発に関する調査・研究事業

図7-5-3　人生後半戦のライフ・キャリアシート（在職者用）
（厚生労働省，2018　改変）

D-1 周囲からの期待

自分に対する周囲から期待されていることを具体的に記入して下さい。こんなことが期待されているだろうと思われることで結構です。

上司 同僚 部下	社内の人材開発プログラムの構築を期待されている。 間接部門として現場が働きやすい環境や制度が求められている。 アシスタント的な立場から責任のある役割にステップアップしたがっている。
顧客 取引先	現在，顧客というものはないが，あえて言えば社内の人である。 取引先は，自分の不在時に対応できる人間がいないので，引継ぎや共有が必要。
友人 家族	友人から期待されていることはあまりないと思う。 家族からは，まだ子供の学費もかかるので健康でしっかり稼ぐことが一番の期待だろう。

D-2 今後の仕事や働き方等

【D-1】までを踏まえ，今後の仕事や働き方，獲得したいスキルなどの目標を，できれば時期（5年後，10年後など）とともに記入して下さい。

時期	仕事の内容及び達成したい目標
1年後	現在，準備中の職業能力評価基準をベースにした自社の各部署毎の人材要件の明確化を各部署と連携して行い，新たな人事考課制度を完成する。
3年後	上記をベースにした従業員の能力開発体系や研修の具体的メニューの開発。
5年後	役職定年を迎えるので，今の仕事から人材育成に特化した役割が担えるよう，研修講師等の能力を身につけたい。
10年後	定年後も仕事をして最低限の生活費が稼げるよう社労士資格に挑戦したい。

D-3 これから取り組むこと等（今行っている自己啓発も含む）

【D-2】までを踏まえ，今後いつ何をすべきか具体的に記入して下さい。

時期（何歳頃）	実施すべきこと
60歳まで	各種人材開発セミナー等を受講し，講師として必要なスキルや知識を学ぶ。
65歳まで	60歳以降は，社労士資格の取得のためのスクールに通い65歳を目標に資格取得を果たす。 老後の趣味として，DIYが楽しめる工房を庭に作る。

あなたが，相談してみたいキャリア等に関することを書いてみましょう。

現在，相談してみたいキャリア等に関することを，自分が考えている前提条件とともにできるだけ具体的に書いてみましょう。

①今後の年金受給開始時期をどのくらいに設定すると最も有利か？ ②社労士資格を取得した後，それで稼ぐための方法や実際にどのくらい稼げるか？ ③人材研修の講師になるために必要な資格や条件，養成講座のようなものの情報。

厚生労働省　平成29年度労働者等のキャリア形成における課題に応じたキャリアコンサルティング技法の開発に関する調査・研究事業

図7-5-4　人生後半戦のライフ・キャリアシート（在職者用）
（厚生労働省，2018　改変）

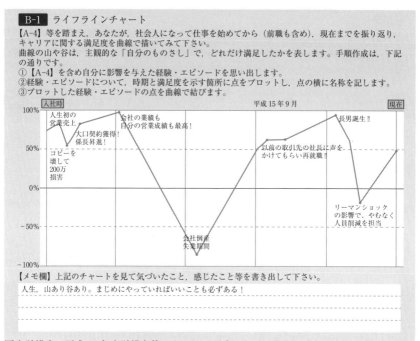

【A-4】等を踏まえ，あなたが，社会人になって仕事を始めてから（前職も含め），現在までを振り返り，キャリアに関する満足度を曲線で描いてみて下さい。
曲線の山や谷は，主観的な「自分のものさし」で，どれだけ満足したかを表します。手順作成は，下記の通りです。
①【A-4】を含め自分に影響を与えた経験・エピソードを思い出します。
②経験・エピソードについて，時期と満足度を示す箇所に点をプロットし，点の横に名称を記します。
③プロットした経験・エピソードの点を曲線で結びます。

厚生労働省　平成29年度労働者等のキャリア形成における課題に応じたキャリアコンサルティング技法の開発に関する調査・研究事業

図7-5-5　人生後半戦のライフ・キャリアシート（在職者用）
（厚生労働省，2018　改変）

についてまとめ，それを踏まえてDでは，職場の人々や家族などから期待されていることは何か，○年後はどのような仕事や働き方をしていきたいか，そのためにこれからどのようなことを何歳までに取り組むかを具体的に記入していく。A〜Dのシートに沿って自分自身のことを整理していくことで，将来に向けての目標が明確になり，今後具体的なアクションを取ることにつながりやすくなる。

（3）　具体的に将来を考える段階の心理臨床的支援

　定年退職後の大きな不安要素の一つは，経済面の問題である。退職後の人生をいきいきと前向きに検討していくためには，あらかじめ経済面を含めた長期的なライフプランを立てておくことが望ましい。はじめに環境理解促進資料（図 7-6-1, 7-6-2）を相談者に提示し，定年退職後も長い人生が存在すること，そのためには今の時点からマネープランを含めたライフプランを立てておくことが重要であることを説明する。

　この段階では「人生後半戦の経済面を含めたライフプランニングシート」（図 7-7）を活用する。このシートは，上段で今後 25 年間に起きる我が家の出来事，下段で年ごとの家計の収支の見通しについてまとめられるようになっている。定年退職後の収入についてはねんきん定期便などから，支出についてはその時期に家族に起こることが想定されるライフイベント等から見積もっていく。なお，家族旅行や車の買換え等，楽しみを見出せるようなポジティブなライフイベントをあらかじめシートに含めておくことも，いきいきとした老後を送るために有用であると考えられる。

（4）　環境の変化についても考える

　中高年者が置かれている環境は個別性が高い。そのため，上記 3 つの段階を効果的に進めるにあたり，相談者の環境の変化に対する理解を促進させることが必要になることもある。そのようなときは，「環境変化を考えるシート」（図 7-8）を用いて，「社会・経済の変化」，「自社，業界の変化」，「仕事，職場の変化」，「個人，家族の変化」のそれぞれについて，「現在起きている変化」，「今後予想される変化」を書き出し，これらが自分のキャリアにどのような影響を及ぼすのかについて考えていくとよい。このシートは，必要に応じて「人生後半戦のライフ・キャリアシート」や「人生後半戦の経済面を含めたライフプランニングシート」

環境理解促進資料① これからの人生は長い（50歳の人⇒男性82歳，女性88歳まで生きる）

平均余命（現在50歳の人があと何年生きる？）

年齢	男			女		
	平成27年	平成26年	前年との差	平成27年	平成26年	前年との差
0歳	80.79	80.50	0.29	87.05	86.83	0.22
5	76.02	75.74	0.28	82.27	82.07	0.20
10	71.05	70.77	0.28	77.30	77.09	0.21
15	66.08	65.81	0.27	72.32	72.12	0.20
20	61.17	60.90	0.27	67.37	67.16	0.21
25	56.31	56.05	0.26	62.43	62.23	0.20
30	51.46	51.21	0.25	57.51	57.32	0.19
35	46.62	46.38	0.24	52.61	52.42	0.19
40	41.80	41.57	0.23	47.73	47.55	0.18
45	37.05	36.82	0.23	42.90	42.72	0.18
50	32.39	32.18	0.21	38.13	37.96	0.17
55	27.89	27.68	0.21	33.45	33.28	0.17
60	23.55	23.36	0.19	28.83	28.68	0.15
65	19.46	19.29	0.17	24.31	24.18	0.13
70	15.64	15.49	0.15	19.92	19.81	0.11
75	12.09	11.94	0.15	15.71	15.60	0.11
80	8.89	8.79	0.10	11.79	11.71	0.08
85	6.31	6.24	0.07	8.40	8.35	0.05
90	4.38	4.35	0.03	5.66	5.66	0.04

平均寿命（0歳の平均余命は？） （単位：年）

和暦	男	女	男女差
昭和22年	50.06	53.96	3.90
25-27	59.57	62.97	3.40
30	63.60	67.75	4.15
35	65.32	70.19	4.87
40	67.74	72.92	5.18
45	69.31	74.66	5.35
50	71.73	76.89	5.16
55	73.35	78.76	5.41
60	74.78	80.48	5.70
平成2	75.92	81.90	5.98
7	76.38	82.85	6.47
12	77.72	84.60	6.88
17	78.56	85.52	6.96
22	79.55	86.30	6.75
23	79.44	85.90	6.46
24	79.94	86.41	6.47
25	80.21	86.61	6.40
26	80.50	86.83	6.33
27	80.79	87.05	6.26

注：1）平成22年以前は完全生命表による。
2）昭和45年以前は，沖縄県を除く値である。

厚生労働省 平成29年度労働者等のキャリア形成における課題に応じたキャリアコンサルティング技法の開発に関する調査・研究事業

環境理解促進資料② 長生きする確率（75歳⇒男性75%・女性87% 90歳⇒男性25%・女性49%）

和暦	男性			女性		
	75歳	90歳	95歳	75歳	90歳	95歳
昭和22年	18.5	0.9	0.1	29.0	2.0	0.2
25-27	29.4	2.0	0.3	40.5	4.0	0.6
30	34.6	2.7	0.5	47.6	6.2	1.3
35	36.1	2.3	0.4	51.5	6.0	1.2
40	39.9	2.3	0.3	57.1	6.5	1.2
45	43.5	3.5	0.6	61.2	8.6	1.9
50	51.0	5.4	1.1	67.8	12.0	2.9
55	55.7	7.1	1.5	72.7	16.0	4.2
60	60.2	9.4	2.2	76.9	21.2	6.4
平成2	63.0	11.6	3.0	79.8	26.3	9.0
7	63.8	12.8	3.4	81.2	30.9	11.9
12	66.7	17.3	5.7	83.7	38.8	17.7
17	69.3	19.3	6.5	85.1	42.7	20.8
22	72.2	21.5	7.3	86.5	46.2	22.8
23	71.9	21.3	7.2	85.9	45.4	22.1
24	73.1	22.2	7.5	86.9	46.5	22.7
25	73.6	23.2	8.1	87.1	47.2	23.4
26	74.1	24.2	8.7	87.3	48.3	24.4
27	74.6	25.0	9.0	87.7	49.1	24.9

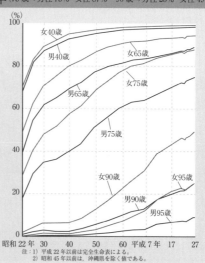

注：1）平成22年以前は完全生命表による。
2）昭和45年以前は，沖縄県を除く値である。

厚生労働省 平成29年度労働者等のキャリア形成における課題に応じたキャリアコンサルティング技法の開発に関する調査・研究事業

図7-6-1 環境理解促進資料（厚生労働省，2018 改変）

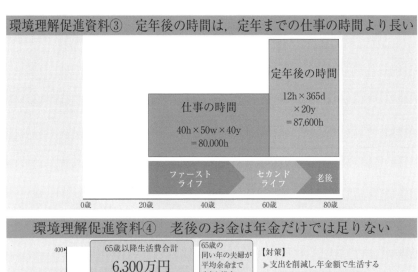

環境理解促進資料③　定年後の時間は，定年までの仕事の時間より長い

定年後の時間
12h×365d
×20y
＝87,600h

仕事の時間
40h×50w×40y
＝80,000h

ファースト
ライフ

セカンド
ライフ

老後

0歳　　20歳　　40歳　　60歳　　80歳

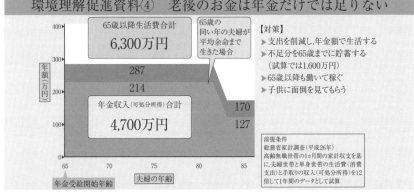

環境理解促進資料④　老後のお金は年金だけでは足りない

65歳以降生活費合計
6,300万円

65歳の
同い年の夫婦が
平均余命まで
生きた場合

【対策】
▶支出を削減し,年金額で生活する
▶不足分を65歳までに貯蓄する
　（試算では1,600万円）
▶65歳以降も働いて稼ぐ
▶子供に面倒を見てもらう

287

214

年金収入（可処分所得）合計
4,700万円

170

127

年額（万円）

65　　70　　75　　80　　85

年金受給開始年齢　　夫婦の年齢

前提条件
総務省家計調査（平成26年）
高齢無職世帯の1ヵ月間の家計収支を基
に，夫婦世帯と単身世帯の生活費（消費
支出）と手取りの収入（可処分所得）を12
倍して1年間のデータとして試算

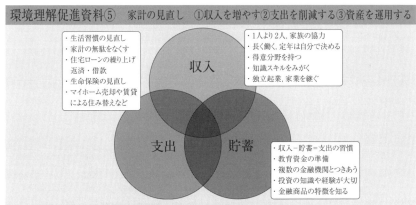

環境理解促進資料⑤　家計の見直し　①収入を増やす②支出を削減する③資産を運用する

・生活習慣の見直し
・家計の無駄をなくす
・住宅ローンの繰り上げ
　返済・借款
・生命保険の見直し
・マイホーム売却や賃貸
　による住み替えなど

・1人より2人，家族の協力
・長く働く，定年は自分で決める
・得意分野を持つ
・知識スキルをみがく
・独立起業，家業を継ぐ

収入

支出　　貯蓄

・収入−貯蓄＝支出の習慣
・教育資金の準備
・複数の金融機関とつきあう
・投資の知識や経験が大切
・金融商品の特徴を知る

厚生労働省　平成29年度労働者等のキャリア形成における課題に応じたキャリアコンサル
ティング技法の開発に関する調査・研究事業

図7−6−2　環境理解促進資料（厚生労働省，2018　改変）

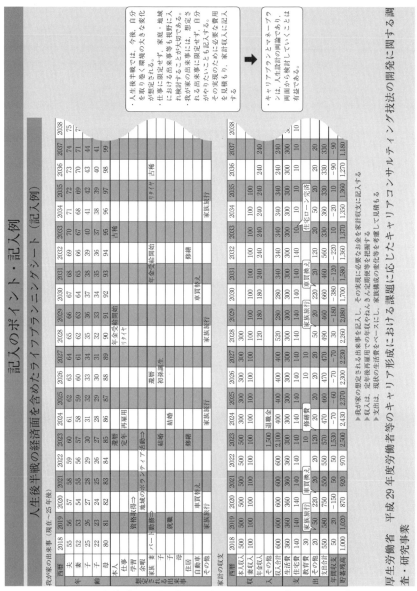

図7-7　人生後半戦の経済面を含めたライフプランニングシート　気づきのシート（厚生労働省，2018　改変）

環境変化を考えるシート

自分を取り巻く環境において，次の 4 つの観点から，現在起きている変化，今後予想される変化を考えてみましょう。

	現在起きている変化	今後予想される変化
社会・経済の変化	・人口知能（AI）やロボットの発達 ・世界中で深刻化するテロ行為 ・憲法改正 ・日本の人口は減少するが，平均寿命は延びる。 ・地球温暖化 ・医療，介護費の増加 ・消費税 10% 引き上げ ・訪日外国人旅行者増	・人口知能（AI）やロボットによる効率化・自動化が進み，雇用が減少。ロボット産業の市場規模が大きくなる。 ・生産年齢人口減少，高齢化率の上昇 ・自動車は燃料電池自動車に変わり，CO_2 を排出しない水素供給システムが確立・石油，天然ガスを合わせた資源の自主開発 ・年金受給開始年齢の引き上げ
自社・業界の変化	・HACCP 義務化に対応する必要があり，設備の導入等の準備が生じている。 ・機能性食品のラインナップの拡充が求められている。 ・ニッチマーケットへの対応や，いわゆるインスタ映えなど，SNS などでの話題の拡散によって商品の売れ行きが大きく左右される。	・HACCP 導入に対応できないメーカーや跡継ぎのいない零細企業等の廃業が見込まれる。 ・2020 の東京オリンピックまで土産物食品の市場は拡大すると思われる。 ・規制緩和が進み，外資の参入の他，スタンダードな商品は大手の寡占化が進み，価格競争が激しくなる。
仕事・職場の変化	・異物混入や賞味期限の管理など対応を一つ誤ると会社の存続に影響するような情報拡散の時代であり，危機管理や事故防止が大きな課題である。 ・製造工程などの人員不足，賃金高騰が続いており，外国人労働者に頼らざるを得ない。	・人手不足を解消するため，ロボットや AI の活用が進む。 ・マーケットが成熟するとともに国内市場規模は縮小するため，小ロット生産や個別ニーズに対応できる商品やサービス提供が求められるだろう。
個人・家族の変化	・家庭用ロボットのぺっ○〜をリースしてみたが，今のところ使えない。 ・PC が顔認証になった。が，これも結構使えず結局パスワード入力。 ・妻のパート先も人手不足のため，正社員で働くことになった。 ・野菜も肉も高くなったのか，すき焼きに数年出会っていない…	・新興国などで全体的な所得水準が高まり購買力も増すため資源も食料も日本は深刻な買い負け状態が続く。 ・最低限の身近な食糧（野菜など）は，ある程度，自給自足できる生き方でないと暮らしていけなくなり，働き方も暮らし方も変化する。

厚生労働省　平成 29 年度労働者等のキャリア形成における課題に応じたキャリアコンサルティング技法の開発に関する調査・研究事業

図7-8　環境変化を考えるシート（厚生労働省，2018　改変）

と併用して活用することが推奨されている。

4. おわりに

　2018 年現在，政府は新成長戦略や働き方改革実行計画を掲げ，個人が終身にわたって勤務が継続できる社会の実現を思案する方向性が打ち出されつつある。新成長戦略の基本方針を提示した未来投資会議の 2018 年 10 月の会議では，70 歳までの就業機会の確保について議論されている。また，2017 年 3 月に働き方改革実現会議で決定された働き方改革実行計画では，65 歳以降の継続雇用延長や 65 歳までの定年延長を行う企業への支援を充実し，将来的に継続雇用年齢等の引上げを進めていくための環境整備を行っていく方向性が示されている。これらの状況を踏まえると，今後さらに定年年齢が延長されたり，場合によっては定年という概念そのものがなくなる可能性も考えられる。生涯現役が当たり前の世の中になったとき，私たちはどのような生き方を望むようになるのだろうか。

●学習課題

　「労働者等のキャリア形成における課題に応じたキャリアコンサルティング技法の開発に関する調査・研究事業 報告書」に掲載されている各種シートを活用して，自己分析を行ってみよう。

引用文献

1. Erikson, E. H.（1963）. Childhood and society, Second Edition. New York: W. W. Norton & Company.
（エリクソン，E. H. 仁科 弥生（訳）(1977). 幼児期と社会1　みすず書房）
2. 深瀬 裕子・岡本 祐子（2010）. 老年期における心理社会的課題の特質：Erikson による精神分析的個体発達分化の図式第Ⅷ段階の再検討　発達心理学研究，21，266-277.
3. 厚生労働省（2017）. 平成29年「高年齢者雇用状況」集計結果　厚生労働省 Retrieved from　https://www.mhlw.go.jp/file/04-Houdouhappyou-11703000-Shokugyouanteikyokukoureishougaikoyoutaisakubu-Koureishakoyoutaisakuka/0000182225.pdf（2018年11月18日）
4. 厚生労働省（2012）. 高年齢者雇用安定法Q & A（高年齢者雇用確保措置関係）A1-1　厚生労働省 Retrieved from　https://www.mhlw.go.jp/general/seido/anteikyoku/kourei2/qa/dl/qa.pdf（2018年11月18日）
5. 厚生労働省（2018）. 労働者等のキャリア形成における課題に応じたキャリアコンサルティング技法の開発に関する調査・研究事業 報告書　厚生労働省 Retrieved from　https://www.mhlw.go.jp/stf/seisakunitsuite/bunya/koyou_roudou/jinzaikaihatsu/career_consulting_gihou.html
6. 岡本 祐子（1994）. 成人期における自我同一性の発達過程とその要因に関する研究　風間書房
7. 岡本 祐子（1997）. 中年からのアイデンティティ発達の心理学—成人期・老年期の心の発達と共に生きることの意味　ナカニシヤ出版
8. Schein, E. H.（1978）. Career dynamics. Massachusetts: Addison-Wesley

Publishing.

（シャイン，E. H. 二村 敏子・三善 勝代（訳）（1991）．キャリア・ダイナミクス　白桃書房）

9. 山田 典子（2000）．老年期における余暇活動の型と生活満足度・心理社会的発達の関連　発達心理学研究，11，34-44.

10. 山口 智子（2004）．人生の語りの発達臨床心理　ナカニシヤ出版

8 | こころとからだのエイジング
─からだを中心にして─

成本 迅

《目標＆ポイント》 身体機能（感覚・知覚・身体面）のエイジングによる低下は，社会参加や心理的側面に影響を与える。本章では，その特性と適応をめぐる問題をふまえ，心理臨床的支援との関連について論じる。
《キーワード》 疾病，身体・生理機能，感覚・運動機能，睡眠

1. はじめに

　エイジングは，からだの成熟が終了したあとに起こる生理機能の衰えと定義されている。身体機能は衰え，環境の変化やストレスに対する適応能力が低下して病気にかかりやすくなったり，一旦病気にかかると改善しづらくなったりする。視覚・聴覚などの感覚機能から，重いものが持ち上げられなくなったり，歩くのが遅くなったりといった筋力をはじめとする運動機能まで多方面にわたり低下がみられる。機能低下が出現する年齢はある程度は決まっているが，誰もが同じような年齢で一定の発達段階を迎える発達とは異なり，エイジングは個人差が大きいのが特徴である。これには，遺伝的要因に加え，生活習慣や環境などの要因が大きく影響を及ぼす。加齢とともにこのような身体機能の変化に適応しながら生活スタイルを変えていく必要があるが，それに失敗するとうつや不安障害などの精神疾患発症につながってしまうことがある。

2. メカニズム

　からだのエイジングのメカニズムについては，いくつかの仮説が提唱されている。

(1) 活性酸素説：生命の維持に不可欠なエネルギーを得たり，物質を合成したりする代謝の過程で生じる活性酸素により細胞が損傷されエイジングが生じるという説。

(2) プログラム説：生物を構成する細胞には分裂できる限界が設定されており，その限界を迎えたときに老化が生じるという説。

(3) 遺伝修復エラー説：細胞分裂の際に少しずつ生じる突然変異が蓄積されて，最終的に破綻を迎えることで老化が生じるという説。

　このような仮説に基づいて老化を遅らせるための研究が行われている。例えば，活性酸素説に基づいて，ビタミンＣなどの抗酸化作用が強い食品を摂取することが提唱されている。

3. 身体機能のエイジング

(1) 感覚

　エイジングにより，視覚・聴覚・嗅覚・味覚・触覚の五感すべてにおいて機能低下が生じる。中でも，視覚と聴覚はコミュニケーションに影響を与え，外出機会の減少にも影響する。

　視力は，生理的な角膜と水晶体の変化により低下し，さらに白内障や黄斑部変性などの疾患によって低下する。また，明暗順応についても機能低下が起こり，明順応，暗順応ともに低下するが，特に暗順応においてエイジングの影響が顕著である。このため，夜間明るい部屋から急に暗い廊下に出たときなどに暗順応が追い付かず，障害物につまずいて転倒したりする危険性がある。

聴力については，聞こえる周波数の範囲が狭くなり，高い音が聞き取りづらくなる。このため，音量を大きくしてもテレビの音が聞き取りづらくなって興味を失ったり，人との会話が聞き取れないため社会的な交流の場に出ていくのがおっくうになったりする。聴力の低下については，認知症のリスクファクターになるという報告が出ており，社会的孤立の防止のためにも補聴器などによる補正が重要である。

（2）運動機能

運動機能には，筋力低下を中心とする運動学的変化以外に心臓や血管などの循環器系の変化や呼吸器系の変化も関与する。筋肉の重量は，20歳を基準にすると70歳で約30％低下する。骨格筋量と骨格筋力の低下，それによる身体機能の低下はサルコペニアと呼ばれ，転倒の原因になることから，積極的に診断して治療を行うことが推奨されている。ヨーロッパのワーキンググループEuropean　Working Group on Sarcopenia in Older People（EWGSOP）による定義によれば，図8-1に示す通り，歩行速度，握力，筋肉量によって診断される（原田ら，2012）。加齢が原因で起こるサルコペニアを一次性サルコペニア，加齢以外にも原因があるものを二次性サルコペニアと分類される。加齢以外の原因としては，活動性の低下に伴う廃用性のもの，がんや心不全，腎不全などの疾患によるもの，食欲不振や吸収障害によるエネルギーやたんぱく質の不足によるものがある。治療としては，運動とアミノ酸の補給が重要である。

筋肉に加えて，骨，関節，靭帯，腱，神経などの運動器の障害のために移動機能の低下をきたした状態は，ロコモティブシンドロームと呼ばれている（表8-1）。2007年に日本整形外科学会が提唱して以降，その予防について広報普及が図られ一般市民にも浸透している。運動器の機能低下によって，立位・歩行機能やバランス機能，運動速度などが低下し，それにより外出がおっくうになって家に閉じこもりがちになるとさ

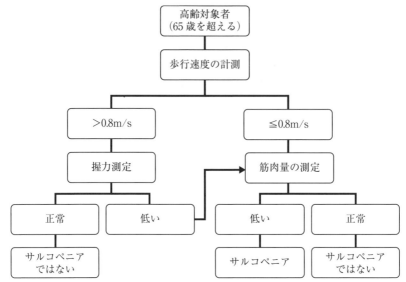

サルコペニア：定義と診断に関する欧州関連学会のコンセンサス
―高齢者のサルコペニアに関する欧州ワーキンググループの報告― 原田ら（2012）
日本老年医学会雑誌，49：788-805.

図8-1　サルコペニアの症例発見のためのアルゴリズム

らに運動機能の低下が進むという悪循環が形成される。

　対応としては定期的な運動を日常生活に取り入れることが重要であるが，加齢に伴って骨が脆くなっていたり，関節の可動域が小さくなっていたりするため，運動に際しては一定の注意が必要である。また，自覚症状のない疾患がある可能性もあるため，健康状態を十分に把握してから行う必要がある。運動の内容としては，集団競技や相手のあるスポーツは自分で運動量や動きがコントロールできないため，個別性の高い運動の方が安全性は高い。運動を継続してもらうために有効な方法としては，運動の効果を十分に説明すること，家族や地域社会にサポートネットワークを構築すること，運動のプログラムや方法について冊子などを

表8-1　ロコモティブシンドロームのチェック項目（石橋，2011）

①片脚立ちで，靴下がはけない。
②家の中でつまずいたり，滑ったりする。
③階段を上るのに，手すりが必要である。
④横断歩道を青信号で渡りきれない。
⑤15分くらい続けて歩けない。
⑥2kg程度の買い物（1Lの牛乳パック2個程度）をして持ち帰るのが困難である。
⑦家のやや重い仕事（掃除機の使用，布団の上げ下ろしなど）が困難である。

使って説明すること，対象者と一緒に話し合って短期と長期のゴールを設定し記録をつけてもらい，状況を時々確認することなどが推奨されている。

　運動により，高齢者であっても筋力の向上や骨密度の増加が期待でき，結果として転倒の予防につながる。また，生活習慣病と関連する体重，腹囲，血圧，中性脂肪，コレステロールといった指標も運動により改善する。さらに心臓血管系，呼吸器系の機能が改善し，心筋梗塞や慢性呼吸器疾患，糖尿病，関節炎などの改善効果も報告されている。さらには，精神面への良い影響も報告されており，うつ病の改善効果や，睡眠，生活の質の改善も報告されている。また，認知症の予防効果についても多くの報告がある。

（3）歯

　成人の歯は28本あるが，40代から徐々に失われ，60歳で20本，80歳では10本程度まで減る。歯の有無は食事の問題だけでなく，十分な咀嚼ができないことが認知機能や歩行の障害につながったり，歯がないことで発音が不明瞭になりコミュニケーションの障害になったりするなど様々な影響があることから，80歳になっても健康な自分の歯を20本保とうという，いわゆる8020運動が提唱されている。

　まずは虫歯（う蝕）にならないようにケアをすることが重要だが，歯

がなくなった場合には義歯を装着することが必要である。義歯を装着することにより誤嚥の危険が少なくなり，食事時間が短縮して食事量も増えることが期待される。また，食事を通したコミュニケーションにより，社会的な孤立や閉じこもりの予防にも役立つと考えられている。

　高齢者の義歯作成にあたっては若年者とは異なる特別な注意が必要である。口腔内の粘膜の弾力性が低下していたり，唾液の分泌が少なく乾燥していたりすることなどがあり，傷を生じた場合は治癒に時間を要する。義歯を作成してからの管理についても，高齢者においては視力低下や運動機能の障害，認知機能の低下，とりわけ実行機能の障害などにより管理がうまくできない場合があり支援が必要である。

（4）　嚥下機能

　嚥下機能についても個人差が大きいもののエイジングに伴って低下がみられる。誤嚥に伴って起きる肺炎は高齢者の肺炎の多くの割合を占める。口腔内においては，歯の数の減少や義歯の使用に加えて，舌の運動機能が低下することで，咀嚼能力が低下し，唾液の分泌低下もあいまって咽頭への食塊の送り込みが遅れる。咽頭においては，喉頭の位置が低下して嚥下の際の喉頭挙上が不十分となり，上部食道括約筋の機能不全も加わって，喉頭の閉鎖が不十分となり誤嚥がみられるようになる。さらに，咽頭収縮筋の収縮力が低下して，咽頭に唾液や食塊が残留しやすくなり，誤嚥をきたしやすくなる。

　嚥下機能に影響する薬剤としては，直接嚥下機能に影響を与える抗精神病薬や，注意機能の低下により間接的に影響を与える睡眠薬がある。また，口腔内の乾燥をきたす利尿薬，三環系抗うつ薬，抗ヒスタミン薬も咽頭への食塊の送り込み遅延を招くことで嚥下機能に影響を与える。

　嚥下障害をきたす原因疾患として代表的なものとしては，脳梗塞や脳出血などの脳血管障害，パーキンソン病がある。言語聴覚士による嚥下

機能の評価とリハビリテーションが行われる。アルツハイマー型認知症でも進行とともに嚥下障害がみられる。嚥下機能そのものの低下に加えて，食物の認識や集中力の低下など認知機能も関連する。生命維持に必要なだけの食物の摂取ができなくなった時点で，胃ろうを造設するかどうかをめぐって難しい判断を迫られることがある。

4. 生理機能のエイジング

（1）排尿

　女性，特に経産婦では中年期以降に尿失禁を経験する人の割合が高くなる。エイジングにより，尿道の位置の変形や骨盤底の筋肉群の機能低下が起こりやすく，腹圧がかかったときの尿もれや，トイレまで我慢できなくなって尿もれが起こりやすくなる。一方男性の場合は，加齢に伴って前立腺が肥大して尿道が狭窄し，尿が出にくくなることがある。尿失禁に伴うオムツの使用は，後述する老性自覚，特にネガティブな老いの自覚につながりやすい。

　尿失禁はその原因により以下のように分類されている。腹圧性尿失禁は，重い物を持ち上げたり，咳やくしゃみをしたりしたときなどに腹圧が上昇して起こる尿失禁を言う。原因は，尿道の異常で，膀胱の過活動はみられない。切迫性尿失禁は，強い尿意切迫感とともに，尿をこらえきれずにもらしてしまうもので，不随意の膀胱収縮を伴う。混合型尿失禁は，腹圧性尿失禁と切迫性尿失禁が混合して生じているものである。溢流性尿失禁は，尿の排出の障害がある状況で，尿が膀胱容量を超えたところで溢れた状態を言う。最後に，機能性尿失禁は，上述の運動機能の障害によりトイレに間に合わなかったり，認知症などのためトイレが分からなかったり，排尿行為が認識できなくなっているなどの理由で起きるものを言う。原因によって，医療的な対応や骨盤底の筋力増強の

ためのリハビリテーションなど異なる対応が必要である。また，外出や人との交流の場面を避ける原因となる。

高齢になると夜間排尿に起きるようになる。この現象は50歳代からみられるようになり，80歳以上になると男性の91%と女性の72%に夜間1回以上の排尿がみられると報告されている。生活の質を低下させるだけでなく，夜間の排尿回数が多い人は死亡率が増加しているという報告もある。メカニズムとしては，血中のドパミン・ノルアドレナリンといったカテコラミンの濃度変化が影響している。血中のカテコラミン濃度は日中に高く，夜間就寝中に低いという日内変動があるが，エイジングに伴って全体のカテコラミン濃度が上昇すると，日中は腎臓の血管が収縮して血流量が低下して尿産生量が低下し，夜間カテコラミン濃度が若年者の日中のレベルまで低下したときに腎血流量が増え尿の産生が増加する。これに，次項で述べる夜間の睡眠深度が浅くなることが加わって夜間排尿回数が増える結果となる。

（2）睡眠

エイジングにより睡眠構造が変化する。睡眠はノンレム睡眠が第1段階から第4段階までとレム睡眠に分類され，若年者では，浅い睡眠である第1段階から始まって深い睡眠である第4段階まで進み，レム睡眠に至るというパターンを一晩のうちに4から5回繰り返す。一方高齢者では，睡眠が2時間程度前にずれるだけでなく，深い睡眠である第3，4段階やレム睡眠の時間が短くなり，途中で目覚めてしまうことも多くなる。また，睡眠時間自体も短くなる。このような変化は睡眠を誘発する物質であるメラトニンの分泌量が加齢とともに低下してくることが関係していると考えられている。

高齢者では上記のように夜間の睡眠効率が低下していることから日中の眠気も強くなることがわかっている。加えて社会的に起きていないと

いけない制約が少なくなることから，昼間の睡眠時間が長くなりがちで，夜間の不眠やせん妄の原因になる危険性がある。このような睡眠構造の変化は，認知症患者で顕著にみられ，特にアルツハイマー型認知症では，概日リズムを司る視交叉上核と松果体の機能が障害されることで，日中の傾眠傾向や夕方から夜間にかけての覚醒度やいらいらが高まる日没症候群と呼ばれる現象が生じる。

　一般市民に対する睡眠に関する正しい知識の普及を目指して指針が作成されている（表8-2）。このような指針を守って生活することで睡眠の質が改善することが報告されている。誤解として多いのは，眠れなくてもよいから長い時間布団の中にいるようにしていたり，高齢者でも8時間の睡眠が必要と考えたりしていることがある。高齢者の場合，特に注意が必要なのは先に述べた昼寝の制限と日中の活動の確保である。日中興味を持って集中して取り組むことがなく横になって過ごしてしまうことが多いが，そのような生活習慣が夜間の不眠を招くことになる。

　生活習慣の工夫でもうまくいかない不眠に対しては，薬物療法が行わ

表8-2　健康づくりのための睡眠指針2014〜睡眠12箇条〜
（健康づくりのための睡眠指針2014，厚生労働省）

1. 良い睡眠で，からだもこころも健康に。
2. 適度な運動，しっかり朝食，ねむりとめざめのメリハリを。
3. 良い睡眠は，生活習慣病予防につながります。
4. 睡眠による休養感は，こころの健康に重要です。
5. 年齢や季節に応じて，ひるまの眠気で困らない程度の睡眠を。
6. 良い睡眠のためには，環境づくりも重要です。
7. 若年世代は夜更かし避けて，体内時計のリズムを保つ。
8. 勤労世代の疲労回復・能率アップに，毎日十分な睡眠を。
9. 熟年世代は朝晩メリハリ，ひるまに適度な運動で良い睡眠。
10. 眠くなってから寝床に入り，起きる時刻は遅らせない。
11. いつもと違う睡眠には，要注意。
12. 眠れない，その苦しみをかかえずに，専門家に相談を。

れる。不眠はうつ病の一症状としてあらわれることも多いため，他の精神疾患が隠れていないかを鑑別した上で，睡眠薬を処方することが重要である。従来はベンゾジアゼピン系の睡眠薬が広く用いられてきたが，このタイプの睡眠薬はふらつきや転倒，認知機能低下といった副作用があり，特に高齢者では注意が必要である。また，中止する際に反跳性不眠と呼ばれる不眠が出現するため，なかなか中止できずに長期間にわたって継続されていることも多い。最近では高齢者で低下してくるメラトニンの受容体を刺激するタイプの睡眠薬や，覚醒作用のあるホルモンであるオレキシンの受容体を阻害するタイプの睡眠薬が開発され，臨床で使用されるようになっている。

　睡眠障害は多くの疾患と相互に関連することが報告されている。糖尿病患者の多くに睡眠障害，特に睡眠時無呼吸症候群が合併することが報告されている。また，逆に睡眠障害のある人では肥満や糖尿病の割合が多いことも報告されており，その原因として，不眠によりインスリン感受性が低下することや，食欲を抑制するホルモンであるレプチンを低下させ，食欲を亢進させるグレリンを上昇させることが関連していると推定されている。さらには，不眠が認知症のリスクファクターとなることも報告されている。

5. 高齢期における身体疾患の治療

　以前は 80 歳代になると手術や薬物療法のリスクが上がることから，身体に負担がかかる侵襲的な治療は控える傾向があった。しかしながら，近年は体への負担が少ない麻酔薬や内視鏡手術が普及したり，完全に病気を治すのではなく不快な痛みや症状を緩和したり，生活面での不自由を取り除くような主に生活の質（QOL）を重視した手術も行われるようになってきている。また，前述の通り，高齢者では個人差が大きく，

90歳を超えていても全身麻酔に十分耐えるだけの体力を持っている人もいれば，70歳代でも種々の合併症により全身麻酔が不可能な人もいる。すなわち，年齢だけを基準に侵襲的な治療をする，しないを判断することは望ましくなく，それにより予後が改善したり，QOLが向上したりすることが期待できるならば，高齢者であっても侵襲的な治療が否定されるものではない。

6. からだのエイジングの心理的影響

自分の老いを自覚する，いわゆる老性自覚については，同年代の友人や家族の病気や死別，退職や子供の自立などのライフイベントの他，身体能力や健康の低下も関連する。からだのエイジングに伴う老いの自覚は，ともすれば社会的なつながりからの撤退や生きがいの喪失などネガティブな思考，行動につながりやすい。

ポジティブ心理学では，このようなエイジングに対するネガティブな認知に対して，自分の強みを再認識し，生きがいを追求することにより心理的ウェルビーイングの維持・向上を図るためのプログラムが開発されている（日下，2011）。

7. まとめ

中高年期は，身体機能の低下と様々な病気にいかに適応しながら生活を再構築していくかという心理的課題に直面する。身体機能低下を防止するために運動したり，病気を予防するための努力をしたり，老いを自覚して社会的にひきこもるようになったりと様々な適応スタイルがみられ，ここでも個人差が大きい。心理的介入の役割は，それぞれの生活史を振り返り，新しい課題に適応するために使える経験や強みがないかを一緒に振り返り，再適応を援助していくことにあるだろう。

●学習課題 ────────────────────────────────────

1. エイジングに伴う身体機能の低下についてまとめてみよう。

2. 身体機能の低下や病気に対する心理的な適応について調べてみよう。

3. 高齢期にみられる身体的疾患とその治療に関して調べてみよう。

引用文献

1. 石橋英明：ロコモティブシンドローム．ロコチェックの運動機能低下の予見性と，ロコトレの運動機能改善効果．医学のあゆみ 2011; 620-628.

2. サルコペニア：定義と診断に関する欧州関連学会のコンセンサス—高齢者のサルコペニアに関する欧州ワーキンググループの報告—の監訳　厚生労働科学研究補助金（長寿科学総合研究事業）高齢者における加齢性筋肉減弱現象（サルコペニア）に関する予防対策確立のための包括的研究　研究班(代表：原田敦)日本老年医学会雑誌　2012；49：788-805.

3. 厚生労働省　健康づくりのための睡眠指針 2014

4. 日下菜穂子（2011）『ワンダフル・エイジング—人生後半を豊かに生きるポジティブ心理学』　ナカニシヤ出版.

9 | こころとからだのエイジング
—知的機能を中心にして—

大川 一郎

《**目標＆ポイント**》 本章では，知的機能を中心にそのエイジング，機能維持のための方略等のことについて概観する。まず，疾患によりもたらされる知的機能の低下の状態，知能のエイジング，記憶のエイジングの実態，そして，知能・記憶の加齢変化の背景にある要因について説明していく。最後に，エビデンスのある研究の組織的・系統的なレビューから導き出された知的機能低下，認知症のリスク低減にかかわる要因リスク低減のための要因について説明する。

《**キーワード**》 知的機能，知能，CHC 理論，記憶，エイジング，リスク要因，WHO

1. 疾患によりもたらされる知的機能の低下の状態

アメリカ精神医学会による「精神疾患の診断・統計マニュアル（DSM）」は，定期的に改定が加えられており，2013 年に第 5 版が発刊された。

知的機能にかかわる後天的な疾患として，新たに神経認知障害群（neurocognitive disorders）が設定され，それまで使われていた"dementia"に代わって，"major neurocognitive disorders"という用語が用いられている。いずれも，日本語の「認知症」に対応する用語である。また，mild cognitive impairment（軽度認知障害）"という用語も加わり，"delirium"（せん妄）の 3 分類となっている。さらにこの障害群にかかわる 6 領域として，「複雑性注意」，「実行機能」，「学習および

表9-1　DSM-5による神経認知障害群の重度・軽度のレベルでの症状例の対比

認知領域		重度	軽度
複数性注意	対象に意識を向け集中する「注意」を持続したり，適切に分配したり切り替えたりできるか／処理の速度はどうかなど	・テレビがある場所での会話のように，複数の刺激があると気が散ってしまう ・今言われたばかりのことを思い出したり，報告したりすることができない ・思考に長い時間がかかり，処理する内容をごく少数にしなければできない	・通常の作業に以前よりも長く時間がかかるようになったり，間違いが増えたりする ・複数の音や情報があると思考しにくい
実行機能	計画や意志決定が円滑に行えるか／フィードバックやエラーの修正はできるか／柔軟な変更ができるか／ワーキングメモリの機能はどうかなど	・複雑な計画を放棄する ・一度に複数の仕事をこなすのが難しい ・活動の計画や意思決定に他者の手助けが必要である	・多くの段階をふむ計画を完了させるのに努力が必要になる ・複数の処理を同時にする仕事が難しくなる ・いったん遮られた仕事を再び始めるのが難しくなる ・実行機能の低下によって，疲れやすかったり，社交を楽しめなかったりする
学習と記憶	短期記憶・長期記憶の再生状態はどうか／新しい情報を覚えられるかなど，重度の認知症を除くと，短期記憶よりも長期記憶（意味記憶，手続き記憶）のほうが良好に保たれている	・1つの会話の中で同じ内容を繰り返す ・1日の予定などを思い出すことができない	・最近の出来事を思い出すのに苦労する ・読書で人物を思い出すための読み返しが必要になる ・支払いが済んでいるか思い出せない
言語	物の名前は言えるか／話し方は流暢か／文法や構文はどうか／人の話や指示の内容は理解できているかなど	・言語の理解にも表出にも著しい困難があり，特有な言い回し，文法的な誤りが起こる ・「あれ」「それ」などの語が増え，症状が進むと家族の名前も思い出せなくなる ・常同言語，反響言語の出現の後，無言症になることもある	・思っていることを言葉にするのに困難がある ・特定の言葉や面識のある人の名前を思い出せないのを隠すために，一般名詞を使ったり名前を呼ばなくなったりする ・冠詞，前置詞，助動詞などの省略や不正確な使用がある

知覚—運動	模写のような視覚と手の運動を協調する作業ができるか／目で見た身振りを模倣することができるかなど	・慣れている活動や慣れた環境での移動が著しく困難になる ・知覚の変動により，しばしば夕暮れ時に強い混乱を示す	・ある場所に行くために，従来よりも地図その他に頼るようになる ・新しい場所に着くのに，人に尋ねたり，迷ったりするようになる ・駐車が以前より不正確になる ・物の組み立て，縫い物などの空間作業をするのが難しくなる
社会的認知	表情から情動の識別ができるか／他人の心の状態を適切に考慮できるかなど	・服装の節度，話題などが許容できる社会的範囲から逸脱したものになる ・1つの話題に過度に集中する ・自分の安全や，家族・友人に配慮せずに行動する ・自身の変化に対する病識がない	・共感の減少，外向性または内向性の増加，抑制が効かなくなる，微妙な落ち着きのなさなど小さな人格の変化が生じる

出典：若本純子（2019）American Psychiatric Association（2013）

記憶」，「言語」，「知覚－運動」，「社会的認知」が提示されている。表9-1にDSM-5による重度と軽度の症状例を領域ごとに対比して示す。疾患レベルでの，軽度から重度への，日常生活の中での知的機能の低下の状況が見てとれよう。

　図9-1に「前臨床期」から「軽度認知障害」，「認知症」へとより重度化するまでの，「脳内の病理的変化」，「認知機能の低下」，「社会生活上の障害」，「セルフケアの介助量」という領域ごとの変化のイメージ図を示す（山口，2017）。脳内の病理変化が潜在的に進んでいき，それらが認知機能の低下をもたらし，社会生活上の障害，要介護へと結びついていく様子がみてとれる。

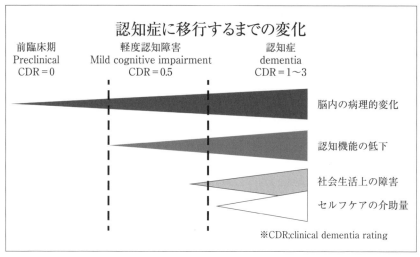

出典：山口智晴（2017）

図9-1　認知症の程度による脳内の状態，認知機能，社会生活，介助量の変化のイメージ図

2. 知能のエイジング

さて，疾患ではない通常の加齢に伴う知的機能の変化はどうなっているだろうか。

知能検査のデータにもとづく知能の加齢変化について，1920年代〜1950年代頃までは，人間の知的機能は，20代をピークに加齢とともに低下していくと考えられていた。しかし，その後，キャッテル（Cattell,R.B.）やホーン（Horn,J.H），ウェクスラー（Whechsler,D），シャイエ（Schaie,K.W），バルテス（Baltes,P.B）にはじまる様々な研究上の知見が蓄積される中で，知能は生涯に渡り変化，発達する側面があることが明らかになってきている。

現在，知能理論においては，CHC理論（Cattell-Horn-Caroll theory）

がこれまでの知能研究の集大成という位置付けにある。これは，知能を流動性知能（fluid intelligence）と結晶性知能（crystallized intelligence）に分類し，加齢変化の違いを提唱した Cattell の理論に端を発する。流動性知能は生理機能に関係し，新規な環境に適応する能力であり，成人以降低下していく。結晶性知能は，学習や経験によって蓄積された知識，スキル等をいかす能力であり，教育や文化の影響を強く受け，成人以降も伸びていく能力である。Cattell と Horn はさらに縦断研究も行い，この理論を実証，発展させ，最終的に，キャロル（Caroll,1993）によって，3 層による知能の因子モデル（CHC 理論）が提唱された。そのモデルを，図9-2 に示す。

　ウェクスラー（Whechsler,D）によって開発された世界標準の知能検査として使われ続けられている成人用の知能検査 WAIS の標準化データを用いた加齢変化を図9-3 に示す（Lichtenberger & Kaufman,2013,山中 2018）。先の CHC 理論の中の知能の因子である「VCI（言語理解）」，「WMI（ワーキングメモリ）」，「PRI（知覚推理）」，「PSI（処理速度）」の「VCI（言語理解）」は結晶性能力（Gc）に，「WMI（ワーキングメモリ）」は短期記憶に，「PRI（知覚推理）」は流動性能力と視覚処理に，「PSI（処理速度）」がスピードにそれぞれ対応すると想定されている（山中，2018）。

　山中（2018）は，図9-3 にみる WAIS の標準化データによる加齢変化について，高齢者の日常生活と照らし合わせながら，「①状況を理解したり，物事に取り組んだりするスピードが極端に低下し，②二次元，三次元的な視覚操作やこれまで経験したことのない操作を特に苦手とし，③注意の範囲も狭くなり，物事を同時に考えたり処理することも苦手になる，④一方で，これまで培った知識や経験は，中年期から壮年期のピーク時に比べるとやや低下はするものの,高いレベルが維持される等」の

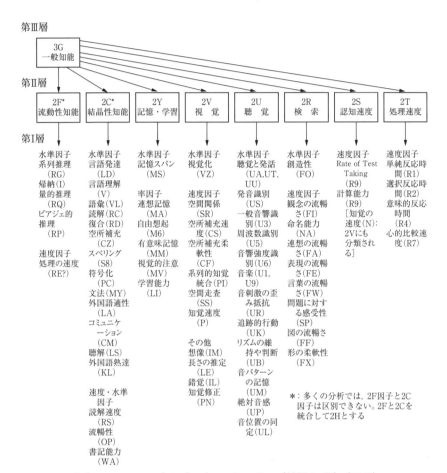

第Ⅲ層

| 3G 一般知能 |

第Ⅱ層

| 2F* 流動性知能 | 2C* 結晶性知能 | 2Y 記憶・学習 | 2V 視覚 | 2U 聴覚 | 2R 検索 | 2S 認知速度 | 2T 処理速度 |

第Ⅰ層

水準因子
系列推理
(RG)
帰納(I)
量的推理
(RQ)
ピアジェ的
推理
(RP)

速度因子
処理の速度
(RE?)

水準因子
言語発達
(LD)
言語理解
(V)
語彙(VL)
読解(RC)
復合(RD)
空所補充
(CZ)
スペリング
(S8)
符号化
(PC)
文法(MY)
外国語適性
(LA)
コミュニケ
ーション
(CM)
聴解(LS)
外国語熟達
(KL)

速度・水準
因子
読解速度
(RS)
流暢性
(OP)
書記能力
(WA)

水準因子
記憶スパン
(MS)

率因子
連想記憶
(MA)
自由想起
(M6)
有意味記憶
(MM)
視覚的注意
(MV)
学習能力
(LI)

水準因子
視覚化
(VZ)

速度因子
空間関係
(SR)
空所補充速
度(CS)
空所補充柔
軟性
(CF)
系列的知覚
統合(PI)
空間走査
(SS)
知覚速度
(P)

その他
想像(IM)
長さの推定
(LE)
錯覚(IL)
知覚修正
(PN)

水準因子
聴覚と発話
(UA,UT,
UU)
発音識別
(US)
一般音響識
別(U3)
周波数識別
(U5)
音響強度識
別(U6)
音楽(U1,
U9)
音刺激の歪
み抵抗
(UR)
追跡的行動
(UK)
リズムの維
持や判断
(UB)
音パターン
の記憶
(UM)
絶対音感
(UP)
音位置の同
定(UL)

水準因子
創造性
(FO)

速度因子
観念の流暢
さ(FI)
命名能力
(NA)
連想の流暢
さ(FA)
表現の流暢
さ(FE)
言葉の流暢
さ(FW)
問題に対す
る感受性
(SP)
図の流暢さ
(FF)
形の柔軟性
(FX)

速度因子
Rate of Test
Taking
(R9)
計算能力
(R9)
[知覚の
速度(N):
2Vにも
分類され
る]

速度因子
単純反応時
間(R1)
選択反応時
間(R2)
意味的反応
時間
(R4)
心的比較速
度(R7)

＊：多くの分析では，2F因子と2C
因子は区別できない。2Fと2Cを
統合して2Hとする

出典：Caroll,J.H.（1993）／T.P.ホーガン〈繁桝ら 訳〉（2010）

図9-2　CHC 理論に基づく知能の３層構造

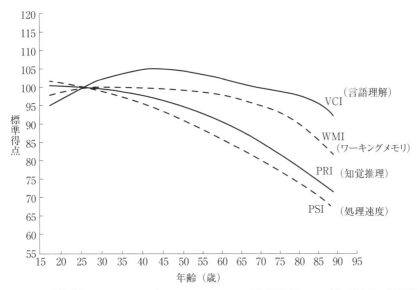

　VCI は言語理解，WMI はワーキングメモリ，PRI は知覚推理，PSI は処理速度の指標得
点（標準得点）を示している。WAIS-Ⅲ，WAIS-Ⅳで下位検査の構成要素が一部異なる
WMI と PRI は調整を行っている。(Lichterberger.,et.al.,2009)
　　　出典：山中克夫（2018）Lichterberger,E.O. & Kaufman,A.S.（2012）
図9-3　WAIS の標準化データにより推定された4つの能力の加齢変化

考察を行っている。

3．記憶のエイジング

　「会った人の名前がなかなか思い出せない」，「ものをどこに置いたか
忘れてしまった」，「何かしようと思って立ち上がったが，何をしようと
したのかを忘れてしまった」等，日常生活の中で記憶にまつわる失敗例
は，枚挙に暇がない。そして，このことは，加齢に伴い頻度が増してく
る印象があるが，果たしてどうなのだろうか。
　記憶は，情報を脳の中に入れ込む「符号化」，それを脳の中に保持す

る「貯蔵」、そして，情報を取り出す「検索」の３つのプロセスから構成されている。従って，記憶力が悪くなったというときに，「覚えられない」のか，「思い出せないのか」，「記憶情報自体がなくなっているのか」等，区別することが重要である。

　記憶されている情報は，図9-4に示されるような種類に分類される（太田, 2013）。

　図9-4に示されるように，①感覚器官を通して，情報は「感覚貯蔵庫」へ移行する。この情報を「感覚記憶」と言い，ここに数ミリ秒～数秒の間，留まる。これらの情報に注意が向けられことによって，次の②「短期貯蔵庫」へ情報が移行する。ここでの情報は，「短期記憶」，「ワーキ

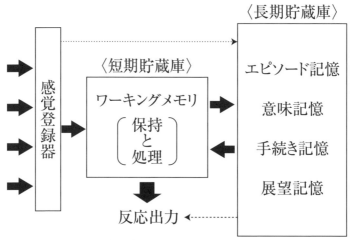

出典：太田信夫（2013）Atokinson,R.C & Shiffrin,R.M.（1968）

図9-4　記憶の分類

ングメモリ（作業記憶）」と呼ばれる。「短期記憶」の容量は，7±2項目（チャンク）であり，数秒〜数十秒程度保持される。そして，③リハーサルを行うことによって，永続的な記憶である「長期記憶」へと移行していく。ただし，リハーサルの内容，処理水準によって移行の程度は異なる。

　この短期貯蔵庫における機能として，情報の保持を重視する場合，「短期記憶」という概念が使われ，保持に加えて，情報の統合や排除といった情報の制御をも重視する場合，「ワーキングメモリ（作業記憶）」という概念が使われる。適宜，それぞれの概念の使い分けがなされている。

　「長期記憶」は，思い出していることを意識化，言語化できる宣言的記憶（顕在記憶）と意識化・言語化できない非宣言的記憶（潜在記憶）に，大きくは分類される。自動車の運転や匠の技等の技能，運動にかかわる記憶は，「手続き記憶」に該当する。顕在的記憶の「エピソード記憶」は，それまでに個人が経験してきたこと（いつ・どこで・何を）にかかわる記憶である。「意味記憶」は，多くの人が知っている一般的な知識にかかわる記憶である。また，「展望記憶」は未来に関する記憶である。

　図9-5に加齢に伴う記憶機能の変化を示す。意味記憶に対応する言語的知識は加齢に伴う増加がみられるが，それ以外の機能においては，程度の違いはあっても加齢に伴う低下が顕著である。

　以上は，過去の記憶に関することであるが，「今日，寝る前に薬を飲む」，「来週の水曜日の午前中は病院に行く」等の未来に行うべき予定についての記憶である「展望記憶」の加齢変化については，増本ら（2007）が，図9-6に示すような高齢者と若年者の日常生活場面での比較研究を行っている。

　実験室場面での展望記憶は，高齢者の方が成績が悪いが（Einstein,et. al.,1995），日常場面においては，時間ベース（何時に電話をするという

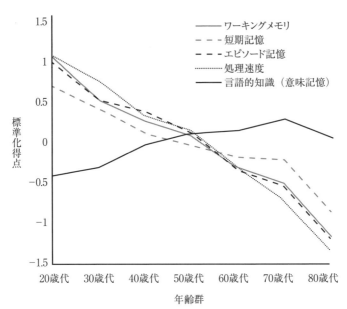

（Park et al., 2002 をもとに作成）

出典：増本（2014）

図9-5　記憶機能の年代比較

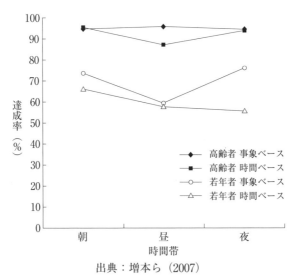

出典：増本ら（2007）

図9-6　日常生活場面における展望的記憶の比較（若齢者・高齢者）

課題）と事象ベース（食事後に電話をするという課題），ともに高齢者
の方が成績がいい。増本らは，ここに手帳にメモを取る等の記憶補助ツ
ールを使用しているかどうかの違いが関連していることを指摘している。

4.　知能・記憶の加齢変化の背景にある要因

　これまで見てきたような知能や記憶の加齢変化の背景にはどのような
要因がかかわっているだろうか。

　記憶については，増本（2014）がSquire（1992）に基づき，図9-7
に示すようなモデル図を提唱している。

　この低下のメカニズムは，記憶だけではなく，広く知的機能全般に適

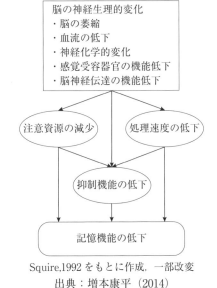

Squire,1992 をもとに作成，一部改変
出典：増本康平（2014）

図9-7　記憶能力の低下のメカニズム

応されるものであろう。さらに，山中（2018）は，先行研究を踏まえ，知能の加齢変化に関連する要因として，①視力や聴力の低下，②フレイル（虚弱）の影響，③高血圧，2型糖尿病等の様々な身体疾患の影響等を指摘している。知能の低下は，本質的な能力低下によりもたらされるだけでなく，感覚面や身体面の低下に伴って，二次的に生じている部分も大きいのではないかということである。

5. 知的機能低下・認知症のリスク低減にかかわる要因

2015年に制定された認知症施策推進総合戦略（新オレンジプラン：平成29年改定）において厚生労働省は，認知症対策として7つの柱を掲げ，その達成のため具体的な施策を掲げ推進している。そして，2019年5月には，さらに予防と共生に重点を置いた大綱案も示されている。

健康の増進，認知症予防において，知的機能維持は大きな役割を果たすことになるが，具体的にどのような日常生活上の要因がそこにかかわっているのだろうか。

リビングストンら（Livingston et al.,2017）は，これまでの疫学調査を展望して，ライフスタイルの中での認知症のリスク要因として，「幼少期の教育」，「中年期の高血圧」，「中年期の肥満」，「中年期の聴力低下」，「老年期の糖尿病」，「老年期の喫煙」，「老年期のうつ病」，「老年期の運動不足」，「老年期の社会的孤独」を指摘している。

三菱総合研究所（2018）は，認知症予防に関する海外のレポートやレビュー等の関連文献を整理した上で，それらのエビデンスが日本においてどれだけ普遍性を持つのかという観点から評価を行っている。その中で，認知症予防にかかわる先行研究を参考にする際に疫学研究，観察研究，介入研究等を区別することの重要性を指摘している。

アメリカ神経学会（2018）やWHO（2019）は，研究上の知見（エビ

デンス）に基づいた認知機能低下や認知症のリスク低減のためのガイドラインを示している（American Academy of Neurology,2018;WHO,2019)。

　WHOのガイドラインを表9-2に示す。12の項目について，エビデンスの程度，推奨の程度等が示されている。

　「運動」，「栄養・食生活」，「病気（糖尿病・血圧・うつ等）の管理」，「生活習慣（煙草・飲酒）等の管理」等，いかに身体の健康を保つのかということが，リスク低減において重要となってくることが示唆されよう。

表9-2　WHO（2019）による認知機能低下および認知症のリスク低減のためのガイドライン（要約）

1 身体活動介入
○機能低下のリスクを減らすため，正常な認知機能を有する成人には身体活動が推奨されるべきである。（証拠の質：中等度；推奨の強さ：強い）
○軽度の認知障害を有する成人には，認知機能低下のリスクを減らすために身体活動が推奨されうる。（証拠の質：低い；推奨の強さ：条件付き）
2 禁煙介入
○タバコを吸う成人には，他の健康上の利益に加えて認知機能低下や認知症のリスクを減らす可能性があるため，禁煙の介入がされるべきである。
（証拠の質：低い；推奨の強さ：強い）
3 栄養介入
○認知機能が正常，あるいは軽度の認知障害を有する成人には，認知機能低下や認知症のリスクを減らすため，地中海式の食事が推奨されうる。（証拠の質：中等度；推奨の強さ：条件付き）
○健康的な食事に関するWHOの勧告に基づいて，健康的でバランスのとれた食事がすべての成人に推奨されるべきである。（証拠の質：低～高＜食品成分による＞；推奨の強さ：条件付き）
○認知機能低下や認知症のリスクを減らすために，ビタミンBおよびE，多価不飽和脂肪酸および複合体の補給は推奨されるべきではない。（証拠の質：中等度；推奨の強さ：強い）
4 アルコール障害に対する介入
○危険で有害な飲酒を減らすかやめることを目的とした介入は，他の健康上の利益に加えて，認知機能低下や認知症のリスクを減らすため，正常な認知および軽度の認知障害を有する成人に提供されるべきである。（証拠の質：中等度（観察的証拠）；推奨の強さ：条件付き）

5 認知介入

○認知訓練は，認知機能低下や認知症のリスクを減らすために，正常な認知機能や軽度の認知障害を有する高齢者に提供されうる。(証拠の質：非常に低いものから低いものまで；推奨の強さ：条件付き)

6 社会活動

○社会的活動および認知機能低下／認知症のリスクを減らす証拠は不十分である。

○社会参加と社会的支援は，生涯にわたる良好な健康と福祉に強く関連しておりソーシャルインクルージョン（社会的包摂）は生涯にわたり支援されるべきである。

7 体重管理

○認知機能低下や認知症のリスクを下げるために，中年期の過体重や肥満に対する介入が提供されうる。(証拠の質：低〜中等度；推奨の強さ：条件付き)

8 高血圧の管理

○高血圧の管理は，既存の WHO ガイドラインに従って，高血圧の成人に提供されるべきである。(証拠の質：低〜高＜介入方法による＞；推奨の強さ：強い)

○認知機能低下や認知症のリスクを減らす，高血圧の成人には高血圧の管理が提供されうる。(証拠の質：非常に低い＜認知症の転帰との関連において＞；推奨の強さ：条件付き)

9 糖尿病の管理

○薬物療法や生活習慣への介入による糖尿病の管理は，既存の WHO ガイドラインに従って糖尿病の成人に提供されるべきである。(証拠の質：非常に低いか中等度＜介入方法による＞；推奨の強さ：強い)

○ 認知機能低下や認知症のリスクを減らすために，糖尿病の成人に糖尿病の管理が提供されうる。(証拠の質：非常に低い；推奨の強さ：条件付き)

10．脂質異常症の管理

○認知機能低下や認知症のリスクを減らすために，中年期における異脂肪血症の管理が提供されうる。(証拠の質：低い；推奨の強さ：条件付き)

11 うつ病の管理

○認知機能低下や認知症のリスクを減らすために抗うつ薬の使用を推奨する証拠は現在のところ不十分である。

○うつ病の成人に対する抗うつ薬や心理的介入は，既存の WHO mhGAP ガイドラインに従って提供されるべきである。

12 難聴の管理

○認知機能低下や認知症のリスクを減らすために補聴器の使用を推奨する証拠は不十分である。

○ WHO ICOPE ガイドラインで推奨されているように，難聴を適時に識別，管理するために，スクリーニングの後に補聴器の提供がなされるべきである。

出典：WHO（2019）を訳出／（https://www.who.int/mental_health/neurology/dementia/guidelines_risk_reduction/en/）

●学習課題

1. キャッテル（Cattell,R.B.）やホーン（Horn,J.H），ウェクスラー（Whechsler,D），シャイエ（Schaie,K.W），バルテス（Baltes,P.B）らの研究について調べて，まとめてみよう。
2. キャロルの CHC 理論について，さらに詳しく調べてみよう。
3. 成人用の個別式知能検査である WAIS について，詳しく調べてみよう。
4. WHO のガイドラインを参考に，特定の人（あるいは自分）の日常生活を見直し，改善点についてまとめてみよう。

引用文献

1. American Psychiatric Association（2013）Diagnostic and Statistical Manual of Mental Disorder,5th edition,Arlingston,VA:American Psychiatric Publishing.（高橋三郎・大野裕〈監訳〉2014 DSM-5 精神疾患の診断・統計マニュアル　医学書院）
2. Atokinson,R.C., & Shiffrin,R.M. 1968 Human Memory:A proposed system and its control processes. In K.W.Spence & J.T.Spence（Eds.）The Psychology of learning and motivation:Advances in research and theory（Vol,2,,pp.89-195）. Academic Press.
3. Caroll,J.H., 1993 Human cognitive abilities:A survey of factor analytic studies Cambridge University Press
4. Einstein,G.O.,McDANIEL,M.A.,RICHARDSON,S.L.,GUYNN,M.J., & CUNFER,A.R. 1995 Aging and prospective memory: Examining the influences of self-initiated retrieval processes. Journal of Experimental Psychology:Learning Memory ,& Cognitions,21,996-1007.
5. Lichterberger,E.O. & Kaufman,A.S. 2012 Essentials of WAIS-Ⅳ Assessment Second edition. John Wiley & Sons,Inc New Jersey
6. Livingston et al.,2017 Dementia prevention,intervention,and care, The Lancet. 390（10113:2673-2734,

7. Hogan,T.P., 2007 Psychological testing:A practical introduction. second edition. John Willey & Sons.（T.P. ホーガン著　繁桝算男・椎名久美子・石垣琢磨共訳　心理テストー理論と実践の架け橋—　2010）

8. 増本康平　2014　忘れやすさと忘れにくさー記憶と学習—　佐藤眞一・高山緑・増本康平　老いのこころー加齢と成熟の発達心理学—　有斐閣 pp.85-pp.103

9. 増本康平・林知世・藤田綾子　2007　日常生活における高齢者の展望記憶に関する研究　老年精神医学雑誌　18,187-195

10. 太田信夫　2013　記憶の定義と分類　日本認知心理学会編　認知心理学ハンドブック　有斐閣 pp.123

11. Peterson,R.C.,Lopez,O.,Armstrong,M.J.,Getchius,T.S.D.,Ganguli,M.,Gloss,D.,Gronseth,G.S.,Marson,D.,Pringsheim,T.,Day,G.S.,Sager,M.,Stevens,J.&RaeGrant,A., 2018 Practice guideline update summary :Mild cognitive impairment :Report of the guideline Development , Dissemination ,and Implementation Subcommittee of the American Academy of Neurology.Neurorogy,90,126-135

12. Squire,L.R. 1992 Declarative and nondeclarative memory:Multiple brain systems supporting learning and memory. Journal of Cognitive Neuroscience,4,232-243

13. World Health Organization（WHO）2019 Risk reduction of cognitive decline and dementia.
（下記サイトより　https://www.who.int/mental_health/neurology/dementia/guidelines_risk_reduction/en/）

14. 若本純子　2019 超高齢社会において高齢期を生きる　外山紀子・安藤智子・本山方子編　生活の中の発達　新曜社 pp.213-226

15. 山口智晴　2017 認知機能の低下と認知症予防　　Monthly Book of MEDEICAL REHABILITATION No.206 pp.17-pp.23

16. 山中克夫　2018 高齢者の知能　松田修編　最新老年心理学　株式会社ワールドプランニング　pp.15-pp.26

参考文献

1. 松田修編　最新老年心理学　株式会社ワールドプランニング 2018
2. 日本老年行動科学会監修　大川一郎編集代表　高齢者のこころとからだ事典
　　中央法規　2014
3. 佐藤眞一・高山緑・増本康平　2014　老いのこころ－加齢と成熟の発達心理学
　　－有斐閣
4. 齋藤高雄・高橋正雄編　中高年の心理臨床　NHK 出版　2014

10 | 老年期という時期

大川 一郎

《**目標＆ポイント**》 本章では，老年期はどのような時期なのか。そして，心
理学の中でどのように位置付けられているのかということについて概観して
いく。
　まず，高齢者が他世代からどうみられているのかをエイジズムという概念
を通してみていく。その上で，高齢者の置かれている社会状況，悩みについ
てみていき，一人の高齢者を通した「老いの現場」をのぞいてみる。そして，
老年期にかかわる理論として，「ハヴィガーストの発達課題」，「エリクソンに
みる老年期」，「老年的超越」，「バルテスらによる生涯発達のメタ理論」，「サ
クセスフルエイジング」，「SOC 理論」，「幸福のパラドックス・社会情動的選
択性理論」を紹介する。
《**キーワード**》 エイジズム，獲得と喪失，老年的超越，SOC 理論，社会情動
的選択性理論

1. 高齢者はどうみられているのか

　バトラー（Butler. R., 1969）は，「高齢者であることを理由に，系統
的にステレオタイプ化して差別するプロセス」をエイジズム（ageism）
と呼び，高齢者に対する差別や偏見について概念化を行った。さらに，
パルモア（Palmore, E. B., 1999）がエイジズムに関する研究を精力的
に行ってきた。
　パルモアによれば，エイジズムには，高齢者に対して否定的であった

り，高齢者を優遇するという意味において肯定的であったり，また，偏見（通念と態度）と差別（行為）の双方が含まれている。そして，否定的偏見を反映する一般的な固定観念として，①高齢者の大部分は病気で，②性的不能で，③醜く，④ボケており，⑤精神病に犯されており，⑥役立たずで，⑦孤独で，⑧貧しく，⑨うつ病にかかっているという9つの思い込みがあること，これらはすべて事実に反していることを指摘している（Palmore, 1999）。

現実には，本章や別の章でもみるようにそのような実態はないが，そのようなイメージで高齢者がみられがちであるということが言えよう。

表 10-1 にパルモアの開発した「高齢者についての知識度クイズ」を示す（Palmore, 1996. 2002）。自身のエイジズムを知る上でも一度実施してほしい。

さて，以下，老年期はどのような時期として心理学の中で捉えられているのか，高齢者の置かれた状況も含めて概観していく。

2. 高齢者のおかれた状況

2017 年時点，男女ともに平均寿命が 80 歳を超え（男性 81.09 歳，女性 87.26 歳），90 歳まで生存する人が男性 25.8%，女性 50.2% と想定されている（厚生労働省簡易生命表，2017）。また，100 歳以上の高齢者（百寿者）は，2019 年時点で 7 万人を超えている。

行政は 65 歳以降を高齢者としており，一般的に 65-74 歳を前期高齢層，75 歳以上を後期高齢層としている。日本老年学会・日本老年医学会（2017）は，このような現状と心身・認知機能面等の加齢変化を踏まえて 65〜74 歳を准高齢者（pre-old），75-89 歳を高齢者（old），90 歳以上を超高齢者（oldest-old, super old）と区分することを提言している。

加齢に伴い人はどのような身体や社会の状況におかれるだろうか。ま

表10-1　高齢者についての知識度クイズ

1　高齢者（65歳以上）の大多数はぼけている（記憶力が衰え，周囲の人や出来事・時間などの正しい判断ができなくなり，痴呆になっている）。
2　高齢になると五感（視覚，聴覚，味覚，触覚，嗅覚）のすべてが衰えがちになる。
3　大多数の高齢者は性行為に関心がないか，性的不能である。
4　高齢になるにつれ，肺活量は低下する傾向がある。
5　高齢者の大多数はほとんどいつも惨めだと感じている。
6　体力は高齢になると衰えがちである。
7　高齢者の10人に1人以上が長期ケア施設（ナーシングホーム，精神病院，老人ホームなど）で暮らしている。
8　高齢のドライバーが事故を起こす割合は65歳未満のドライバーより低い。
9　中高年労働者は一般に若い労働者より仕事の能率が劣る。
10　高齢者の4人に3人以上は人の手を借りなくても普通の活動をこなせるほど健康である。
11　高齢者の大多数は変化に適応できない。
12　高齢者は一般に新しいことを習うのに若い人より時間がかかる。
13　高齢者は若い人より鬱状態になりやすい。
14　高齢者は若い人より反応が遅い。
15　総じて，高齢者は似たり寄ったりである。
16　高齢者の大多数は退屈など滅多にしない。
17　高齢者の大多数は社会的に孤立している。
18　中高年労働者は若い労働者より事故に遭う率は低い。
19　今では人口の20%以上が65歳以上である。
20　医療従事者の大半は高齢者を後回しにする傾向がある。
21　大多数の高齢者の所得は貧困ライン（政府の規定による）以下である。
22　高齢者のほとんどは何らかの仕事をしているか，したいと思っている（家事やボランティア活動を含め）。
23　高齢者は年とともに信心深くなる。
24　大多数の高齢者は，自分は苛立ったり，怒ったりすることは滅多にないと言う。
25　高齢者の健康状態と経済的地位は2010年には（若い人と比べて）ほぼ同じか悪化しているだろう。
（クイズの正解：奇数項目は不正解，偶数項目は正解。ただし項目19は日本では正解。）

出典：Palmore（1999）／鈴木（2002）

ず，身体面であるが，身体については，感覚，運動機能，生理機能等，低下していく（詳細については第 8 章を参照）。また，認知機能も維持する機能，低下する機能とそれぞれあるが，後期高齢層の 75 歳を過ぎるにつれて，徐々に全体的に低下していき，認知症への罹患率も高くなっていく（第 9 章，第 12 章を参照）。

仕事面では，定年退職，再就職，仕事からの引退等の変化を経験する。現在，日本では定年については，2013 年に「改正高年齢者等の雇用の安定に関する法律」が施行され，①定年年齢の引き上げ，②継続雇用（再雇用）制度の導入，③定年の定めの廃止，のいずれかの選択が雇用主に課せられるようになっている。年金等の関係もあり，65 歳が 1 つの区切りとなっているが，今後，年金等の受給年齢が上がることも予想され，雇用の上限年齢も上がってこよう。

家庭面では，子どもの独立，結婚，孫の誕生等，社会的役割の喪失等

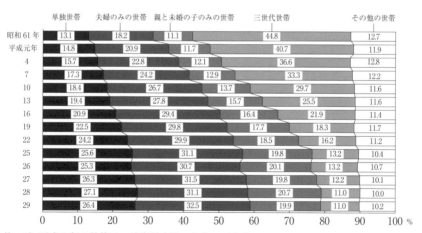

注：1）平成 7 年の数値は，兵庫県を除いたものである。
　　2）平成 28 年の数値は，熊本県を除いたものである。
　　3）「親と未婚の子のみの世帯」とは，「夫婦と未婚の子のみの世帯」及び「ひとり親と未婚の子のみの世帯」をいう。

出典：厚生労働省，（2018）

図 10-1　65 歳以上の者のいる世帯の世帯構造の年次推移位

の大きな変化を経験する。65歳以上の者のいる世帯構造は，図10-1に示すように，平成の30年の間で「単独世帯」，「夫婦のみの世帯」，「親と未婚の子のみの世帯」が増え続け，三世代世帯は4分の1近くに減ってきている。1つの世帯の中で子家族が親を支えることは少なくなり，一人で，あるいは，老いた夫婦がお互いに支えながら住んでいるという状況である。未婚の子との同居の場合も，子が親を支えるという従来型のケースもあるが，逆に職に就いていない未婚の子を老いた親が自分の年金等で支えるとケースも多くなってきている。

図10-2に総務省の「社会生活基本調査（2006）」による男女，年齢階級，行動の種類別生活時間（週全体）を示す。ここにみるように，男女ともに程度の違いはあるが，60歳以降，仕事，家事関連の時間である2次活動が減少し，自由時間である1次活動，食事，睡眠，身の回りの用

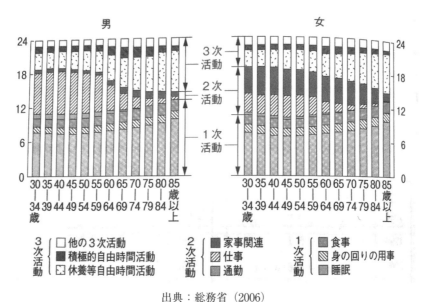

出典：総務省（2006）

図10-2　男女，年齢階級，行動の種類別生活時間（週全体）

表 10-2　Baltes らの第 4 年代の特徴

〈行動観察〉
・第 4 代では慢性的な生活緊張が蓄積する。 　80％の人々は 3～6 領域における喪失を経験する（合併症）。 　たとえば，視覚，聴覚，筋力，生活機能（IADL と ADL），疾病，認知 ・心理的適応性が系統的に衰弱する。 ・生活の肯定的側面（幸福感，対人接触など）を喪失する。 ・死に先立つ 2 年間の諸機能は，85 歳から 100 歳にかけて増悪する。 　認知機能の喪失。 　アイデンティティの喪失（孤独感と心理的依存性が高まる）。
〈社会的側面〉
・超高齢者の多くは女性である。 　大多数の女性は未亡人で一人暮らしである。 ・大多数は最近数年間に何度か入院経験がある。 ・大多数は病院か高齢者施設で，一人で死亡する。

出典：Baltes, P. B. & Smith, J.（2002）／佐藤（2007）

事等と 3 次活動が増加していく。特に 85 歳以上になると，身体機能の機能低下等により休養や睡眠時間が増え，1 日の大半を家で過ごすという生活スタイルに変わっている。バルテスら（Baltes, P. B. & Smith, J., 2002）は，85 才以降の人々を第 4 年代とし，その特徴を表 10-2 のようにまとめている（佐藤，2007）。後期高齢者層の置かれた心身の状態をうかがうことができる。

3. 人生のステージごとの悩みごと

　図 10-3 に日本における人生のステージごとの悩みごと示す。65 歳以降になると男女ともに「自分の病気や介護」，「家族の病気や介護」等健康上の問題が大きな割合を占めるようになる。「家族との人間関係」，「生きがい」の占める割合も男女差はあるが，一定程度の割合を占めている。

「収入・家計・借金等」経済問題については，現状では，65歳〜70歳に
かけて徐々に減少し，その割合は減じている。しかし，今後，少子高齢
化が進んでいき，年金等も減額される中，医療，介護等への個人の負担
も大きくなることが予想され，経済問題での個人の悩みも大きくなって
こよう。

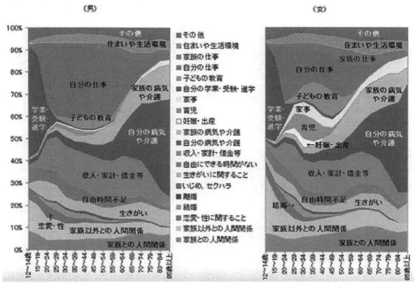

（注）健康票における「悩みやストレスの原因」（複数回答）の延べ回答数を100とした割
　　合の年齢別変化。細い幅なので面グラフの中に記すことのできなかった項目名は中央
　　に掲げた凡例参照
出典：厚生労働省「国民生活基礎調査」（2013）／社会実情データ図録（https://honkawa2.
　　sakura.ne.jp/index.html）

図10-3　日本人の一生の各ステージの悩みごと（2013）

4.　吉本隆明からみた老いの現場

　詩人，評論家であった吉本隆明（1924-2012）は，85 歳のときに自身の「老いの現場」を次のように語っている。

　「年をとると何が一番つらいのか。それは，自分の意思と，現実に自分の体を動かすことのできる運動性との間の乖離が，健康な人に想像ができないくらいに広がるということだ。思っていることや考えていること，感じていることと，実際に体を使ってできることの距離が非常に大きくなる。そんな老人を前にすると，ともすれば医者は，『この人は返事だけはいいけれど，こちらの指示したことをやろうとしない。少しボケてきたな』と思いこんだりする。ところが，運動性において劣ると言うのは，例えばアルツハイマーになったりすると言うのとはまったく違う。自分の気持ちは少しも鈍くなってはいない。それどころかある意味ではより繊細になって，相手の細かい言葉にいちいち打撃を受けているのに，そのことを表す体の動きは鈍くなっているという矛盾。そして，それを理解されないジレンマ。その点に絶望している老人が多く存在するという現実を，医師や看護師はどの程度知っているのだろうか。」（朝日新聞，2008.9.19）

　ここに，①身体的機能の低下した現状に対する心理的な反応，②機能低下した自分への周りの反応，③そのことに対する心理的な反応等が複雑に絡み合っている後期高齢期にある吉本の心理状況をうかがうことができる。

5.　高齢者にかかわる心理学の諸理論

　ここでは，高齢者にかかわる心理学の諸理論について紹介していく。

表 10-3　ハヴィガーストの発達課題

発達段階	発　達　課　題	
乳児期（就学まで）児童初期	・睡眠と食事における生理的リズムの達成 ・固形食を摂取することの学習 ・親ときょうだいに対して情緒的な結合の開始 ・話すことの学習	・排尿・排糞の学習 ・歩行の学習 ・正・不正の区別の学習 ・性差と性別の適切性の学習
児童中期（学童期）	・身体的ゲームに必要な技能の学習 ・積極的な自己概念の形成 ・男・女の適切な性役割の採用 ・仲間と交わることの学習 ・価値・道徳観・良心の発達	・パーソナリティとしての独立と家族との結びつきの弱化 ・基本的読み・書き・計算の技能の発達 ・自己および外界の理解の発達
青年期	・概念および問題解決に必要な技能の発達 ・男・女の仲間とのより成熟した付きあいの達成 ・行動を導く論理体系の発達 ・社会的に責任のある行動への努力	・変化しつつある身体の承認と効果的な身体の使用 ・経済的に実行しうるキャリアへの準備 ・親からの情緒的独立の達成 ・結婚と家庭生活の準備
成人初期	・配偶者への求愛と選択 ・配偶者との幸福な生活 ・子どもを巣立たせ，親はその役目を果たす ・育児	・家庭を管理する責任をとる ・就職 ・適切な市民としての責任をとる ・1つの社会的ネットワークの形成
成人中期	・家庭から社会への子どもの移行に助力する ・成人のレジャー活動の開始 ・配偶者と自分とをそれぞれ一人の人間として結びつける	・成人としての社会的・市民的責任の達成 ・満足すべき職業的遂行の維持 ・中年期の生理的変化への対応 ・高齢者である両親への適応
老年期	・身体的変化への適応 ・退職と収入の変化への適応 ・満足な生活管理の形成 ・退職後の配偶者との生活の学習	・配偶者の死への適応 ・高齢の仲間との親和の形成 ・社会的な役割の柔軟な受け入れ

出典；Havighurst, R. J.（1972）／児玉憲典・飯塚裕子（訳）（1997）

(1) ハヴィガーストの発達課題：その生涯発達的変化からみた老年期

　さて，これまで見てきたような状況の中にある高齢者であるが，老年期と言うのは，発達的にみて，どのような時期だろうか。心理学の中で，発達課題という概念がある。それぞれの発達段階で達成することが期待される課題であり，その課題が達成されないと，個々人がそのことに対して危機を感じ，不適応状態に陥る可能性がある，そのような課題のことである。ハヴィガースト（Havighurst, R. J., 1972）は，発達段階ごとの発達課題を表 10-3 のようにまとめている。

　この発達課題を概観したときに，成人中期から老年期にかけて大きく発達課題の質的な変化がおこっていることに気づかされる。バルテスは図 10-4 に示すような「生涯発達プロセスにおける獲得と喪失の比率」を示しているが，乳児期〜成人初期までは，置かれた生活環境に適応するために「何かを獲得する」ことが求められる。しかし，成人中期から

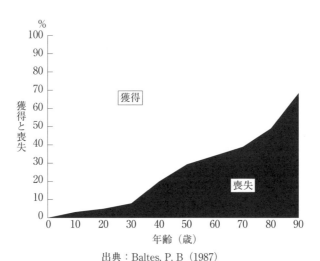

出典：Baltes, P. B（1987）

図 10-4　生涯発達プロセスにおける獲得と喪失の比率

老年期にかけて，身体機能，定年退職に伴う社会経済的地位，親しい人の死等，獲得したものを喪失することが多くなってくる。そして，これらの喪失に適応することが発達課題となってくるのである。この発達課題の達成は，とりもなおさず「新たな獲得」ということができよう。

（2） エリクソンにみる老年期

青年期の危機における「自我同一性（アイデンティティ）の確立 対 自我同一性の拡散」で著名なエリクソンは，生涯発達的視点から各発達段階の特徴について考察しているが，老年期については，第8段階の時期として位置付け，心理社会的危機として「自己の統合 対 絶望」を提示している。

自分のこれまでの人生を振り返り，失敗や絶望した経験，未解決な問題等も自分の人生を作り上げる重要なものとして受容し，人生に意味づけ，統合していくことを求められる時期が老年期であると考えたのである。さらにエリクソンの共同研究者であった妻のジョアンは，エリクソンの考えの延長線上に9番目の段階（超高齢期）である「老年的超越」を想定している。身体的機能の低下に伴い，それまでに獲得した自律性の低下等も経験し，新たに絶望等を感じる等の危機を経験するが，それを克服することを最後の課題として設定したのである。

（3） 老年的超越

トレンスタム（Tornstam, L., 1989）は，老年的超越を「高齢期に高まるとされる物質主義的で合理的な世界観から，宇宙的，超越的，非合理的な世界観への変化」として定義し，宇宙的意識，自己意識，社会との関係という3つの領域に分けている（増井，2016）。増井ら（2013）は，トレンスタムの研究を参考に，日本人高齢者を対象に老年的超越の行動や考え方を抽出して日本版の老年的超越尺度（JGS・JGS-R）を開発している。その尺度の因子と内容を表10-4に示す。ここに老年的超越の

表 10-4　日本版老年的超越質問紙および改訂版（JGS・JGS-R）の下位因子とトレンスタムの老年的超越の内容との対応

因子名	内容	Tornstam（2005）の内容
「ありがたさ」・「おかげ」の認識	他者により支えられていることを認識し,他者への感謝の念が強まる.	前の世代とのつながりの認識の変化（宇宙）
内向性	ひとりでいることのよい面を認識する. 孤独感を感じにくい, 肯定的態度でいられる.	社会的関係の意味と重要性の変化（社会）
二元論からの脱却	善悪, 生死, 現在過去という対立的な概念の境界があいまいになる.	経験に基づいた知恵の獲得（社会）
宗教的もしくはスピリチュアルな態度	神仏の存在や死後の世界など宗教的またはスピリチュアルな内容を認識する.	生と死の認識の変化・神秘性に関する感受性の向上（宇宙）
社会的自己からの脱却	見栄や自己主張, 自己のこだわりなど社会に向けての自己主張が低下する.	社会的役割についての認識の変化・自己中心性の減少（社会・自己）
基本的で生得的な肯定感	肯定的な自己評価やポジティブな感情を持つ. 生得的な欲求を肯定する.	自我統合の発達（自己）
利他性	自分中心から他者を大切にするようになる.	自己に対するこだわりの低下（自己）
無為自然	「考えない」,「無理しない」といったあるがままの状態を受け入れるようになる.	本研究でのオリジナルな内容

出典：増井（2016）

概要をみることができる。

　なお，老年的超越については，これまでの研究で，年齢，死別，離別等の人生上の危機や類似のネガティブなライフイベント，心理的 well-being との関連等が明らかにされている。

表10-5　バルテスによる生涯発達心理学のメタ理論

①発達は生涯のすべての時期で生じるものであり，ある時期は特別に重要ということはない。

②生涯発達は生物学的発達と文化的発達（サポート）との間のダイナミクスの過程である。

③生涯発達はリソースの割りあて方が変化する過程である。

④発達においては，適応能力の選択（selection）と，その最適化（optimization），および機能低下に対処する補償（compensation）のプロセスが相ともなって生じる。

⑤発達とは獲得と喪失のダイナミクスである。

⑥発達は生涯を通じて可塑性を持つ。その範囲と加齢にともなう変化を明らかにすることが発達研究の大きなテーマである。

⑦発達は，標準的な年齢変化に沿ったもの（学校への入学や定年退職など），標準的な歴史的変化によるもの（不況や戦争），非標準的なもの（大きな事故に遭うなど），という3つの影響要因のシステムからなる。そのうちどれが優勢になるか，互いにどのように作用し合うかは，社会文化的条件（発達的文脈）によって異なる（文脈主義：contextualism）。

⑧人間はSOCをうまく協応させることで，「上手に」歳をとるべく発達を制御している。

出典：鈴木（2012）をもとに作成.

（4）　バルテスらによる生涯発達のメタ理論

　ハヴィガースト，エリクソン，トレンスタムらの理論でもみてとれるように，人は，それぞれの発達段階において，そのおかれた環境（人的環境も含む）に能動的に適応していく存在である。バルテス（Baltes, P. B.,）は，生涯発達のダイナミクスのメタ理論（理論についての理論）を表10-5に示す8つにまとめている。高齢者に限らず，それぞれの発達段階での適応に至るダイナミクスをうかがうことができる。

（5）　サクセスフルエイジング

　高齢者が「そのおかれた状況にうまく適応している状態」を心理学的なサクセスフルエイジングの状態にあるということができる。サクセスフルエイジングであるための要素として，図10-5の「身体・認知面」，「社会・環境面」，「心理・精神面」から示されるような様々な要素がこ

れまでの研究によって指摘されている（田中，2010）。

　ただ，「障害がない」，「病気がない」等の要素がサクセスフルエイジングをもたらす決定的な条件となるのかと言うと，当事者である高齢者の視点からするとそうでもない。「障害があっても」，「病気であっても」，「虚弱であっても」，それらを抱えた上での適応（サクセスフルエイジング）が確かに存在するのである（田中，2010）。彼らにとってのサクセスフルエインジングとは何なのか，それらはどのようなプロセスを経てもたらされるのか等，現下の研究課題ともなっている。

（6）　SOC（selective optimization with compensation）理論

　様々な機能の低下や喪失に対して，人は適応していっているが，そこにはどのようなメカニズムが働いているのだろうか。このことを説明する代表的な理論にバルテスの提唱した SOC モデル（selective optimization with compensation）がある（Baltes, P. B. , 1997）。この理論の説明としてよく出される実例が，80 歳になっても演奏活動を続けたピアニ

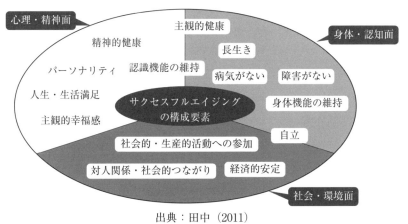

出典：田中（2011）
図 10-5　サクセスフルエイジングの構成要素

ストのルービンシュタインである。高齢になり身体・生理機能の低下に伴い，若いときと同じようなレベルでの演奏は難しくなっている。そこで，これらの機能低下を補うために，まず，コンサートで演奏する曲を厳選し（目標の選択；selection），若いときよりも十分な時間をかけて練習をし（資源の最適化：optimization），そして，速いフレーズの前ではゆっくり演奏することにより，速さを印象付ける等の手法を取り入れた（補償；compensation）のである。これらのS（選択）O（最適化）C（補償）という方略を用いることにより，高齢者は喪失や低下という状況に適応しているとする理論である。

　権藤（2008）は，さらに説明の枠組みを，サクセスフルエイジング等の心理面にまで広げ，SOC理論を援用して，図10-6に示すような「こころの加齢モデル」を提唱している。加齢に伴い，先にみたようなネガティブな生物学的，社会的な変化が生じてくる。そこに，SOC理論で

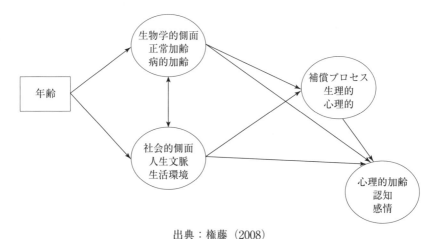

出典：権藤（2008）

図10-6　生物学的・社会的側面からなる「こころ」の加齢モデル

みるような補償プロセスが作用し，サクセスフルエイジングに至るとする考え方である。この補償作用には SOC 理論だけでなく，次にみる社会情動的選択性理論もかかわってくる。

（7）　幸福のパラドックス・社会情動的選択性理論

　老年期は先にみたように様々な喪失を経験する時期である。高齢者は，このような現在の自分の状態をどのように捉えているのだろうか。文化的な違いも報告されているが，多くの研究において，他の年代と比較して，高齢者は幸福感が維持・上昇することが明らかになっている（Diener et al., 1999；菅・唐澤，2010）。

　これが心理学の中で，「幸福のパラドックス（Paradox of well-being）」として知られている現象である。このことと関連して，「高齢者の幸福感に寄与するのは，多くの人との交流ではなくて，数が少なくても情緒的に親密な人たちとの交流である」，「パートナー選択に当たっては，若い人は情報を収集したり，新しいことを経験したり，知識の幅を広げたりすることを目的としてパートナーを選択する。一方，高齢者は情緒的に親しい家族や親しい友人との交流を重視する」等のことが明らかになっている。

　この現象を説明する概念として，「社会情動的選択性理論（socioemotional selectivity theory）」が提唱されている。つまり，様々な機能が低下し，資源が乏しくなる高齢者は，多くを求めず，自分の情動を優先し，自分の気持ちがより良い状態（well-being）になるように様々な選択を行っているとするものである。このようなメカニズムによって，客観的には喪失を多く経験しているようにみえたとしても，その内面はポジテイブな状態にあり，幸福感を感じていることが想定される。

6. おわりに

　老年期は，生涯発達の段階の中では死に至るまでの最終の段階に位置付けられる。エリクソンは，①青年期の「自我同一性の確立」以降，②成人初期における家族や仕事という場面で「親密性」を獲得し，他者との関係の中に自己を見出していき，③中年期において，家族，仕事，そのほかの場面で自分を継ぐものの存在を生み，育てていく「世代性」を獲得していく。そして，④人生の終盤に向かい，これまでの自分のいろいろなことのあった⑤人生を振り返り，全てを自分のものとして「統合」していく。さらに，心身機能の低下を経験し，死に向かう中で，「老年的超越」へと至っていく，という自我にかかわる大きな生涯発達のストーリーを理論化している。さらに，バルテスはこれまでみてきたように生涯発達的な視点から老年期の適応について説明する大きな理論的枠組みも提供している。高齢者に関心を持つ研究者はこれらの理論に刺激され，これまでの膨大な研究を土台にして，様々な研究上の仮説をたて，検証を行ってきている。本章で紹介したのは，その一部に過ぎないが，老年期と言うのは心理学的にどのような時期なのか，高齢者は自分の置かれた状況に対してどのように適応しているのかについてイメージする土台となればと思う。

●学習課題

1. ハヴィガーストの発達課題の変化について，その背景にある要因について考察してみよう。
2. バルテスの SOC 理論について，ルービンシュタイン以外の例について考えてみよう。
3. サクセスフルエインジングの状態にある「健康でない」高齢者，「障害を持つ」高齢者のそのような心理に至ったプロセスについて考察してみよう。

引用文献

1. Baltes, P. B.　1987 Theoretical propositions of life-span developmental psychology ; On the dynamics between growth and decline. Developmental Psychology. 23（5）: 611-626
2. Baltes, P. B. 1997 On the incomplete architecture of human ontogeny : Selection, optimization, and compensation as foundation of developmental theory. The American Psychologist, 52（4）: 366-380
3. Baltes, P. B. & Smith, J. 2002 New frontiers in the future of aging : FDrom successful aging of the young old to the dilemmas of the Fourth Age. Plenary Lecture for Valencia Forum, Valencia Spain, 1-4 April
4. Butler, R. 1969 Ageism : Another form of bigotry. The Gerontologist, 9（4）: 243-246 Diener, E. , Suh, E. M. , Lucas, R. E. , & Smith, H. L. 1999 Subjective wellbeing : Three decades of progress. Psychological bulltin, 125, 276-302
5. 権藤恭之 2008 生物学的加齢と心理学的加齢　権藤恭之編　高齢者心理学 23-40　朝倉書店
6. Havighurst, R. J. 1972 Developmental tasks and education（Third edition）David Mckey company（児玉憲典・飯塚裕子（訳）1997 ハヴィガーストの発達課題と教育—生涯発達と人間形成—　川島書店
7. 厚生労働省　国民生活基礎調査　2013 社会実情データ図録より引用　https://

honkawa2.sakura.ne.jp/index.html

8. 厚生労働省，2018，平成 29 年度国民生活基礎調査の概況：制作統括官付参事官付統計室：平成 30 年 7 月 20 日）

9. 増井幸恵・中川威・権藤恭之・小川まどか・石岡涼子・立平起子ほか　日本版老年的超越質問紙改訂版の妥当性および信頼性の検討　老年社会科学　2013；35（1）：45-59

10. 増井幸恵 2016 老年的超越　日本老年医学雑誌 53 巻 pp.210-214

11. 成田健一 2008 高齢者を取り巻く社会的環境 権藤恭之編 高齢者心理学 41-63

12. 日本老年学会・日本老年医学会　2017 高齢者の定義と区分に関する定義検討ワーキンググループからの提言

13. Palmore, E. B., 1999 Ageism : Negative and Positive. 2nd Edition Springer Publishing Company, : エイジズム 高齢者別の実相と克服の展望：鈴木研一訳 2002　明石書店

14. 総務省統計局　2007 社会生活基本調査

15. 佐藤眞一 2007 高齢期のサクセスフル・エイジングと生きがい　谷口幸一・佐藤眞一編　エイジング心理学 —老いについての理解と支援—　北大路書房

16. 菅知絵美・唐澤真弓　2010 3 つの Well-being 尺度の生涯発達的検討 —日本人中高年期の年齢及び性別による相違の検討—　日本社会心理学会第 51 回発表論文集 562-563

17. 鈴木忠　2012 生涯発達　高橋恵子・湯川良三・安藤康寿・秋山弘子編　発達科学入門 1　理論と方法　P.162-163　東京大学出版会

18. 田中真理　博士論文　日本人高齢者におけるサクセスフル・エイジングの構造と機能に関する検討　2010

19. Transtam, L., 1989 Gero-transcendence : A meta-theoretical reformulation of the disengagement theory. Aging : Clinical and Experimental Research, 1（1）: pp. 55-63

20. 吉本隆明さんと考える現代の「老い」 朝日新聞，2008 年 9 月 19 日，（東京版）

参考文献

1. 権藤恭之編　2008 高齢者心理学　朝倉書店
2. 日本老年行動科学会監修　大川一郎編集代表　高齢者のこころとからだ事典　中央法規
3. 大川一郎・土田宣明・宇都宮博・日下菜穂子・奥村由美子編　エピソードでつかむ老年心理学　ミネルヴァ書房
4. 岡本祐子編　成人発達臨床心理学ハンドブック　ナカニシヤ出版
5. 佐藤眞一・権藤恭之編　よくわかる高齢者心理学　ミネルヴァ書房

11 | 高齢者に対する心理臨床（1）
―理解に焦点をあてて―

大川 一郎

《**目標＆ポイント**》 本章では，高齢者に焦点をあて，心理臨床の役割としての「対象者の理解」について，事例を交えながら方法論も含めて説明をしていく。対象者の理解において，何をおいても重要なことは多面的に情報を収集することである。まず，法則定立的アプローチと個性記述的アプローチからの多様なアセスメントの方法を紹介する。そして，「身体面」，「知能・精神面」，「心理社会面」，「日常生活面」の多面的な情報整理の枠組みを紹介した上で，高齢期にある一人の対象者の事例について分析を行っていくことにより，高齢期の心理臨床に対する理解を深めていく。

《**キーワード**》 心理臨床の役割，アセスメントの方法，多面的枠組みによる情報の整理，ライフイベント，生活史

1. はじめに

　2015 年 9 月 9 日に公認心理師法（平成 27 年法律第 68 号）が成立し，2017 年 9 月 15 日に施行された。その条文の中に記載されている公認心

表 11-1　公認心理師の業務・役割

「保健医療，福祉，教育その他の分野において，専門的知識及び技術をもって，

1. 心理に関する支援を要する者の心理状態を観察し，その結果を分析すること。
2. 心理に関する支援を要する者に対し，その心理に関する相談に応じ，助言，指導その他の援助を行うこと。
3. 心理に関する支援を要する者の関係者に対し，その相談に応じ，助言，指導その他の援助を行うこと。
4. 心の健康に関する知識の普及を図るための教育及び情報の提供を行うこと。」

出典：公認心理師法（平成 27 年法律第 68 号）改変

理師の業務を表11-1に示す。

　公認心理師の行う業務は，心理臨床の役割と重なるが，本章では，心理臨床の対象を高齢者に限定し，「心理状態の観察，その結果の分析」，すなわち，高齢者の理解について説明していく。そして，第13章で「その心理に関する相談および助言，指導その他の援助」にかかわる内容，すなわち，高齢者への援助・心理的介入について説明をしていくことにする。

2. 事例；鈴木三郎（90歳）さんの気持ちの推測（心理）

　鈴木三郎さん（仮名）という，現在，90歳になる男性がいる。鈴木さんは，現在，娘さん家族と同居しているが，それまでの経緯を心理面も含めて表11-2にまとめてある。まず，この表をみて鈴木さんの現在の心理（気持ち）とその心理をもたらす要因について推測してみてほしい。

表11-2　鈴木三郎さん（90歳）の置かれた状況（時系列）

① 88歳位までは，本屋へスーパーへと毎日の様に自転車をこいで行っており，一人暮らしで，元気にやっていた。
② 奥さんとは，12年前，78歳のときに死別。死別の寂しさを，当時，5歳，8歳だった，（一緒に遊んでと慕ってくれる）孫たちの存在が癒してくれた。
③ 89歳を境に，自転車でも転ぶことも多くなり，「自転車はもう無理や」と自覚した。
④ 足腰は，すっかり弱り，身体的な衰えも目立ち始め，外出時には，車椅子の必要性さえも感じた。
⑤ そのような様子をみて，娘さんとその夫が心配して，熱心に同居を勧めてくれた。娘夫婦の家は，現在の居住地から，車で3時間ほど離れた場所にある。迷ったが，孫たちの存在も大きな要因になり，同居を決断した。
⑥ 娘夫婦，孫たちとの同居生活が始まった。一戸建ての一階の日当たりのいい和室が鈴木三郎さんの部屋になり，食事は，リビングの一緒の食卓でとっている。
⑦ 顔見知りになった近所の人に「90歳なのにお元気ですね」と言われると，「はい，孫と暮らせて幸せです」と愛想良く答えている。

　例えば，次の表11-3のような推測例が挙げられる。

表11-3　大学21歳の推測例

鈴木さんは今の生活に満足していると思う。確かに，鈴木さんの身体機能は低下しているし，馴染みの土地を離れたことで，そこでの人間関係は疎遠になったものと思われる。しかし，それらのマイナス面以上に，熱心に同居をすすめてくれた夫婦の「優しさ」，「自分への思い」に対して感じる部分が大きいのではないだろうか。奥さんが亡くなってから触れることの少なかった「家族の温かさ」，「期待していた孫との生活」に包まれて，先ほどのマイナスな要因も，鈴木さんの中では受容されているのではないだろうか。

　　ただ，上記の反応は，特に鈴木さんやその家族に聞き取りをした情報に基づいたものではなく，単なる鈴木さんの置かれた状況から推測（妄想）したものに過ぎない。実際に，家族や本人にインタビューをして見えてきた鈴木さんの気持ちは，表11-4に示すようなものであった。

表11-4　鈴木さんや家族に対するインタビューから見えてきた気持ち

「明治生まれには珍しく，10歳からバイオリンを習った。80歳を過ぎても一人暮らしを続け，みんなに感心された。他の年寄りとは違うという自負があった」，「自分も年寄りなのに，年寄りとは話が合わん，そうつぶやくのが長い間の口ぐせだった」，「89歳の年で，自転車に乗れることは，自慢だった。本屋へスーパーへ，毎日，出かけた。通りがかりの人が自分を振り返る視線さえ感じた。その自慢の足をあきらめなくてはならない。昨日まで出来ていたことが，今日からできなくなる。これが老いなのかと，寂しくて，誰もいない家で泣いた」，「娘から買ってもらった手押し車は，腰の曲がったおばあさんの買い物姿が頭に浮かび，どうしても使う気にならなかった」，「ますます追いつめられ，自分の殻に閉じこもった」，「かわいい孫達と一つ屋根の下に住める。一緒に暮らす日が待ち遠しかった」，「二人は成長して，とうに自分の世界を持っていた。家にいても，CDを聞いており，もう，一緒に遊んでくれとは言わなかった」，「食卓での家族の会話についていけなかった。話し方が，早くて聞きとれなかった。時折，話題を自分に向けてくれたが，話はすぐに途切れた」，「居場所がない気がした。食事を終えると，早々に自分の部屋へ引き上げた。あれほど期待した同居生活なのに，独りぼっちだと娘にこぼすようになった」，「来客が多い家である。しかし，自分を訪ねて来る人はいない。電話も手紙も自分には，来ない。便りがないなら，表札なんて無意味や，はずしてしまえ，思わず，口走ったこともある」，「生きていてもしかたがない。死んでしまいたい。随分，涙をこぼした」，「それでも，外では，見えをはって幸せを繕った・・。でも，本心ではない。家に戻ると，長く生きてもちっとも幸せじゃない，とふさぎこんだ」，「わしには時間がない，といらだった」

＊鈴木三郎さんの気持ちは，朝日新聞（1997.7.25）に紹介された「いのち長き時代にこころ模様②出来たことができない」から引用（一部改変）。

3. 事例；鈴木三郎（90歳）さんの心理の分析

　本節においては，鈴木さんの心理を分析するにあたっての方法論を示しながら，その心理の背景にある要因について考察していくことにする。

（1）　情報の収集；対象者のアセスメントの方法

　まず，表11-4に示すような鈴木さんの心理面が理解（推測）できるようになったのは，鈴木さんの心理を理解するに足る情報がインタビュー

表11-5　アセスメントの方法
多様なアセスメント法，法則定立的アプローチ（N），個性記述的アプローチ（I）

1	面接法（I） クライアントとの協働関係の下に実施する 構造化の程度はアセスメントの目的に応じて変わる	3	機能分析（I） 介入の対象となる標的行動とその先行事象および結果の関係を分析する 行動アセスメント
2	観察法（I） ・自己観察による記録 　セルフモニタリング法によりクライアントが自分の行動を記録する ・チェックリスト 　具体的な行動項目によりクライアントまたは関係者がその有無を記録する ・計画的な自然観察 　実際にクライアントの問題行動が起こる環境において行動観察を行う ・シミュレーション観察 　問題行動が起こるような状況を設定し，クライアントの行動を観察する ・ロールプレイ 　問題に関連するシナリオを作成し，クライアントに役割行動を演じてもらう	4	検査法（N） 専門家が実施する標準化された検査法（知能検査，発達検査など） 自己評定尺度（不安，抑うつなど個人の心理的状態を測定する）
		5	神経心理学的検査法（I/N） 脳の損傷や認知症などによって生じた言語・思考・記憶・注意・行為などの高次脳機能の障害を評価する
		6	生理的反応の測定（I/N） クライアントの心拍，血圧など問題に関連する生理的反応を測定する
		7	精神医学的診断マニュアルの活用（N） DSM-5（精神障害の診断と統計マニュアル第5版），ICD-10（国際疾病分類第10版），ICF 国際生活機能分類など

（I）：主に Idiographic（個性記述的），（N）：主に Nomothetic（法則定立的），（I/N）：用途による

出典：松見（2019）

によって得られたからに他ならない。情報の収集，そしてその情報にもとづく分析，これらのアセスメントなくして，心理面の理解はあり得ない。

　対象者のアセスメントは，一般的に特定の個人を細かく捉えようとする「個性記述的方法」と客観的データから導きだされた一般的法則にもとづく「定立的方法」の両側面からなされる。表11-5にアセスメント方法の全体像を示す。

　鈴木さんの場合は，主に個性記述的な方法である「面接法」にもとづき情報が得られている。

　目的に応じて複数のアセスメントの方法を用いて情報を得て，それらの情報と高齢期における発達上の特徴等を総合的に分析することによって，なぜそのような気持ち（心理）がもたらされたのか，その背景にある要因について考察がなされていくことになる。

（2）　多面的な情報整理の枠組み

　図11-1に，生物─心理─社会モデルとその構成要素を示す。これは，個人に影響する様々な要因について，「生物」，「心理」，「社会」という3つの枠組みでまとめられたエンゲル（1977）によって提唱されたモデルである。

　図11-1に示されるように，個人の情報は多面的に収集する必要があるが，収集した情報の整理にあたっては，日常生活の中での変化を時系列に沿って押さえておくことは重要である。特に高齢者の場合，「身体面の状況：疾病，服薬の影響，日常生活上の障害等」，「知能・精神面の状況：認知症，抑うつ，不安，睡眠障害，服薬の影響，日常生活上の障害等」，「心理社会面の状況：定年退職，配偶者の死別等の大きなライフイベント，家族・対人関係，生活環境，経済状況等」の3つの大きな側面での変化を整理しておくとよい。

　表11-6にこれらの側面からの情報の整理の枠組みを示す。

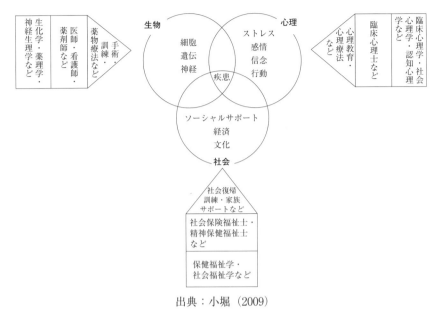

出典：小堀（2009）

図11-1　生物―心理―社会モデルとその構成要素

表11-6　3つの側面からの個人情報の整理の枠組み

1）身体面の状況：身体的病気は？→服薬の影響は？→日常生活への障害は？→それまでとの変化は？→心理的反応は？

2）知能・精神面の状況：精神的病気は？→服薬への影響は？→日常生活への障害は？→それまでとの変化は？→心理的反応は？
　　＊「うつ病」，「認知症」，「発達障害」，「パーソナリティ障害」等，DSM5に記載される精神疾患が対応する

3）心理社会面の状況：個人を取り巻く具体的な境界面は？→それらの環境面の変化は？→心理的反応は？
　　＊「ライフヒストリー」，「仕事」，「家族」，「人間関係」，「社会経済的状況」等，個人を取り巻く心理社会的環境が対応する

　加えて，上記と重複する部分はあるが，「日常生活面の状況：日常生活の中での様子」ももう一つの整理の側面として加えておきたい。

　詳述すると，「身体面の状況」は，病気・怪我等による現在や過去の身体の状態のことである。病気・怪我等に伴う，ADL（日常生活動作：Activities of Daily Living）の状態もここで整理する。ADL とは，食事，整容，清潔，更衣，排泄，居室内での移動等，日常生活の中で生じる基本的な動作のことであり，ADL の状態が悪いということは自立した日常生活を営むことに障害が生じているということであり，第三者によるなんらかの支援が必要となる。また，高齢者の場合，身体疾患に対して処方された薬が身体面，精神面，日常生活面に及ぼす副作用の影響も大きいため，その可能性があればその情報も押さえておく。

　「知能・精神面の状況」は，知的状態や現在や過去の精神面での状態のことである。毎日の日課を理解できているのか，自分の年齢が言えるか，5 分前のことを覚えているのか，自分のいる場所を理解できているのか等の知的能力の程度や検査の情報もここで押さえておく。医師からの診断に基づき精神疾患と判断されている等の情報も押さえておく。認知症，発達障害，パーソナリティ障害等，DSM—5（精神障害の診断と統計マニュアル第 5 版）等にとりあげられている精神疾患がそれらに該当する。また，精神疾患に対して処方された薬の副作用の情報等もここで押さえておくことが重要である。

　「心理社会面の状況」は，対象者を取り巻く環境面（含む人間関係），すなわち，個人の生活史に関する情報である。学歴，職歴，生活や経済的状況，定年退職，配偶者の死別等の大きなライフイベントの経験，家族・対人関係等に関する情報は重要である。図 11-2 に個人の生活史の整理表の一例を示す（大川ら，2015）。

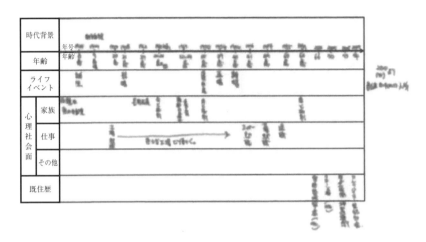

出典：大川ら（2015）
図 11-2　生活史の整理表（参考）
（個人情報のため，加工処理してあります。）

　「日常生活面の状況」では，上記と重なる部分もあるが，日常生活の具体的な様子を記入していく。買い物，洗濯等の家事全般，金銭管理，服薬管理，電話の応対，コミュニケーションの様子等 IADL（手段的日常生活動作：Instrumental Activities of Daily Living）にかかわる情報や部屋が散らかっている，暴言・暴力が増えた，昼夜逆転している等，日常生活の中での気になる行動についてもここに記入する。

　このように多面的に情報を収集，整理した上で，表 11-6 にも示されるように，次の段階としてそれぞれの状況に対する心理的な反応（気持ち）を推測していき，さらにそれらを総合して分析しながら，特定の高齢者の心理面からの理解について推測し（仮説を立て），その理解の上で，対応を考えていくのである。

（3）情報にもとづく分析

　さて，鈴木さんの中で，大きな変化がみられたのは，身体疾患にもとづく状況である「ADL（日常生活上の能力）の状態」，心理社会面の状況である「居住地の移動というライフイベント」，そして，そのことによってもたらされた「人間関係（家族・近隣の友人等）の変化」である。

　ADLについては，2年前まで，鈴木さんは，自転車にも乗れるぐらい元気だった。ところが，身体機能が急速に低下し，現在は，自転車に乗ることはもとより，歩くこともままならなくなり，外出には車いすさえ必要になるぐらいである。日常生活上の不自由さはもとより，「今まで，できていたことができなく」なっている。ここには身体機能の著しい低下に対する鈴木さんの気持ち，そして「車いすさえ必要になってきた」今の状態への捉え方，すなわち，「障害の受容」という課題も生じている。

　心理社会面では，若いときから現在に至るまで数十年に渡って慣れ親しんだ土地を離れ，娘夫婦のいる，家族以外知る人のない地域へと移るという大きなライフイベントを90歳近くになって経験することになっている。このことに伴い，日常生活の過ごし方，家族や近隣の人との人間関係が大きく変化してきている。

　高齢になると「身体面」，「精神面」での低下は大きい。これまでの章でみてきたように，高齢者は自身の残されたリソースをうまく活用することによって，なんとか現状の生活（環境）に適応している。しかし，90歳近くになった鈴木さんにとって，大きなライフイベントからもたらされた様々な環境上の変化に，動くこともままならない中，残されたリソースの活用だけで，適応していくのはなかなか難しいものがあることが想定される。

　上記のような視点から，表11-4でみた鈴木さんの気持ちを分析すると，次のような7つの要因によってそれらがもたらされていることが考

察される。

　①「できたことができなくなる」という身体面の変化および日常生活の中での障害の経験，②自分自身が障害を負ったということに対する葛藤，③長年，親しんできた隣近所の人たちとの関係性の喪失，④期待していた孫との関係性の現実とのギャップ，⑤娘夫婦の世話になっているという家族の中で立場の変化とそのことに対する負い目，⑥外での活動が中心となる現役世代と自分の日常生活のリズムや活動内容の違い，⑦発達課題の違う世代が一緒に生活することによりもたらさせる疎外感，孤独感等。

　⑦について，少し説明を加えると，同居後，「家族の会話についていけない」，「話し方が，早くて聞きとれない」，「自分を訪ねて来る人はいない。電話も手紙も自分には，来ない」。そして，「一人ぼっち」，「居場所がない」，「長く生きてもちっとも幸せじゃない」，「死んでしまいたい」，そんな感情が鈴木さんを支配している。

　一人暮らしのとき，鈴木さんは，今ほどはこのような気持を感じることは，少なかったと思われる。なぜ，このような感情を抱くようになったのか。

　「集団の中の孤独」という言葉があるが，一人で暮らしていたときには，大きく感じることなくすんでいた気持ちに，集団の中に存ることで，否が応でも向き合うことになり，周りや，あるいは，以前の自分と比較することによって，より，その気持ちを敏感に感じてしまったのではないだろうか。第 10 章で発達課題の世代間における質的な変化について考察したが，娘家族（娘，その配偶者，孫）はまさに現役世代であり，「獲得のための課題」達成の真っ最中である。一方で，鈴木さんはこれまでの人生において獲得したものを喪失する経験が多くなってきていて，「喪失への適応」のただ中にある。「比べる存在が目の前にある」ことにより，

一人暮らしのときには，向き合わずにすんでいた，回避できていた気持ちに敏感になり，その気持ちが，どんどん増幅していったのではないだろうか。

（4） 何のための理解なのか？

ここまで，鈴木さんを事例にしながら，高齢者の理解の方法について論を進めてきた。改めて「何のための理解」なのかを考えてみると，その前提としては，「他の誰でもない，当該の高齢者本人に対する福利のために」ということが挙げられる。その上で，そのことを前提として，何らかの支援が必要な高齢者個人に対して具体的な対応の方法を考えていく際に，根拠を持った重要な手がかりを与えてくれるのが，高齢者個人に対する多面的な側面からの情報の分析にもとづく理解なのである。

高齢者支援にかかわる様々な場面では，当事者である高齢者に対して，家族，高齢者施設関係者や公認心理師，臨床心理士等，様々な人がかかわり，各々の立場の中で，様々な対応を行っている。

これらの対応を，高齢者個人の置かれた状況に起因する心理反応や行動に対する「解」であるとするならば，その解は多様である。しかも，人の心理にかかわる理解やそれにもとづく対応であるがゆえに，そこには，「正解」はない。対する人は，「より適切な解」を求めて対応を考え，行っていく。

高齢者支援という心理臨床場面において，より適切な解を得るためには，繰り返しになるが，「高齢者本人にとっての福利という視点」，「当該高齢者の心理や行動に対する理解（推測）の元に根拠を持って対応や支援を行うという視点」が必要となってくるのである。

●学習課題

1. アセスメントの方法について、詳細を調べてみよう。
2. 特定の人（例えば，自分自身，自分の肉親（両親，祖父母等）の生活史を図11-2の整理表を参考にまとめてみよう。
3. 本文中の鈴木さんの事例の分析について，評価できる点，不十分な点，自分だったらこう分析する点等，根拠を示しながらレポートを作成してみよう。

引用文献

1. 朝日新聞　いのち長き時代に・こころ模様②出来たことができない　1997.7.25（東京版）
2. Engel,G.H.　1977,　The need for a new medical model：A challenge for biomedicine, science, 196,129-136
3. 小堀彩子　2009　生物-心理-社会モデル　下山晴彦編　改訂新版　よくわかる臨床心理学
4. 松見淳子　2019 アセスメントの基本　下山晴彦編集主幹　伊藤絵美・黒田美保・鈴木伸一・松田修　公認心理師技法ガイド　文光堂
5. 大川一郎・榎本尚子・LIN Shuzhen・田中真理・神田尚　2015　ステップ式仮説検証型事例検討の進め方─実践編─ 高齢者のケアと行動科学　Vol20（1）

参考文献

1. 下山晴彦編集主幹　伊藤絵美・黒田美保・鈴木伸一・松田修　2019　公認心理師技法ガイド　文光堂
2. 大川一郎　2010　高齢者のこころの理解　佐藤眞一・大川一郎・谷口幸一　老いとこころのケア　ミネルヴァ書房

12 | 認知症の理解

成本 迅

《**目標＆ポイント**》 認知症は頻度が高く，生活に大きな影響を与えることから，高齢者の心理的問題を考える上で重要なテーマである。ここでは，認知症の原因疾患と主な症状とその検査，治療法について解説する。
《**キーワード**》 認知症，認知機能障害，BPSD，うつ，せん妄，非薬物療法

1. はじめに

　近年の高齢化社会の到来とともに，急速に認知症患者数が増加している。地域で生活する認知症の人が増加している。2012 年に筑波大学の朝田らにより行われた調査にもとづく推計では，認知症患者が 462 万人，その前段階とされる軽度認知障害患者が 400 万人と報告されている（朝田，2012）。これには，認知症を有する割合が，年齢とともに増加することが関係しており，65 歳から 69 歳では 2.9% だが，85 歳から 89 歳では 41.4% まで増加する（図 12-1）。このため，今後 85 歳以上の人口が増えると，結果として認知症患者の数が増加する。

2. 認知症の診断

(1) 認知症の診断基準

　認知症とは，①脳の病気が原因で一旦獲得された認知機能が低下しており，②もの忘れや判断力の低下がみられ，③その結果，生活がうまく

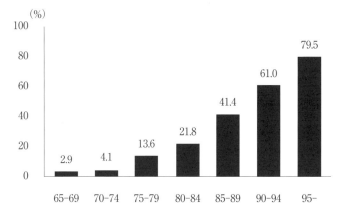

(%)

厚生労働科学研究費補助金（認知症対策総合研究事業）総合研究報告書 「都市部における認知症有病率と認知症の生活機能障害への対応」（代表：朝田隆）2012 年より筆者作成

図 12- 1　　年齢階級別認知症有病率

送れなくなっている状態のことを指す。生来，認知機能が低い状態でとどまる知的障害とは，①の点で異なる。また，せん妄やうつは，認知症の経過の中でみられることもあるが，認知症ではないが一時的に認知機能を低下させている場合があり，除外する必要がある。認知機能が低下しているが，何とか日常生活を自立して送ることができる場合は，軽度認知障害と診断される。表 12-1，表 12-2 にそれぞれ認知症と軽度認知障害の米国精神医学会の診断基準を示す。

（2）　認知症の原因疾患

　認知症の原因となる疾患は，70 以上あると言われているが，大きく分けると表 12-3 のように分類することができる。神経変性疾患では，異常なタンパク質が蓄積することにより神経細胞が徐々に傷害され，神経細胞の数が減り，結果として脳の機能低下がみられる。年単位で徐々に病状が進行することが特徴である。脳卒中の後遺症による血管性認知症は，脳出血や脳梗塞など，血管の障害により神経細胞への血行が絶た

表 12-1　認知症（DSM-5）

A.　1つ以上の認知領域（複雑性注意，遂行機能，学習および記憶，言語，知覚・運動，社会的認知）において，以前の行為水準から有意な認知の低下があるという証拠が以下に基づいている：

(1)　本人，本人をよく知る情報提供者，または臨床家による，有意な認知機能の低下があったという概念，および

(2)　標準化された神経心理検査によって，それがなければ他の定量化された臨床的評価によって記録された，実質的な認知行為の障害

B.　毎日の活動において，認知欠損が自立を阻害する（すなわち，最低限，請求書を支払う，内服薬を管理するなどの，複雑な手段的日常生活動作に援助を必要とする）

C.　その認知欠損は，せん妄の状況でのみ起こるものではない

D.　その認知欠損は，他の精神疾患によってうまく説明されない（例：うつ病，統合失調症）

表 12-2　軽度認知障害（DSM-5）

A.　1つ以上の認知領域（複雑性注意，遂行機能，学習および記憶，言語，知覚・運動，社会的認知）において，以前の行為水準から軽度の認知の低下があるという証拠が以下に基づいている：

(1)　本人，本人をよく知る情報提供者，または臨床家による，軽度の認知機能の低下があったという概念，および

(2)　標準化された神経心理検査によって，それがなければ他の定量化された臨床的評価によって記録された，実質的な認知行為の障害

B.　毎日の活動において，認知欠損が自立を阻害しない（すなわち，最低限，請求書を支払う，内服薬を管理するなどの複雑な手段的日常生活動作は保たれるが，以前より大きな努力，代償性方略，または工夫が必要であるかもしれない）

C.　その認知欠損は，せん妄の状況でのみ起こるものではない

D.　その認知欠損は，他の精神疾患によってうまく説明されない（例：うつ病，統合失調症）

れて傷害を受けることにより生じる。その他には，脳腫瘍や特発性正常圧水頭症，慢性硬膜下血腫などの脳自体がダメージを受けることにより生じる病気と，甲状腺機能低下症やビタミン欠乏などの全身性の疾患により脳機能が低下して認知症を生じることがある。

　実際に頻度が高いのは，アルツハイマー型認知症をはじめとする神経

表 12-3　認知症の原因疾患

神経変性疾患	アルツハイマー型認知症 レビー小体型認知症 前頭側頭葉変性症
脳卒中の後遺症	血管性認知症
その他	脳腫瘍 特発性正常圧水頭症 慢性硬膜下血腫 甲状腺機能低下症

変性疾患と血管性認知症で，先述の朝田らの調査によれば，アルツハイマー型認知症が全体の半数以上を占め 67.6%，次に血管性認知症が 19.5%，レビー小体型認知症が 4.3% と報告されている。

（3）　早期診断の重要性

　がんなどと同様に認知症においても早期に診断を受けることが重要である。表 12-4 にその理由を列挙する。まず，脳外科的治療や内科的治療により改善が期待できる，いわゆる「治る認知症」を発見して的確に治療につなげることができる。慢性硬膜下血腫であれば脳外科的に血腫を除去する手術を受ければ改善が期待できるし，甲状腺機能低下症やビタミン欠乏であれば，それぞれ甲状腺ホルモンやビタミンを服薬で補充すれば改善が得られる。神経変性疾患については，これまでのところ根治薬は開発されていないが，アルツハイマー型認知症については進行を遅らせる薬剤は開発されている。また，認知機能の低下により生活に様々な支障が生じていることが多く，診断が早ければ早いほど，本人と家族や友人などの支援者が認知症の特徴をよく知って生活を再構築することがしやすくなる。また，本人を支える体制を早めに整えることで，それまでに治療を受けていた生活習慣病の治療を継続したり，悪徳商法の被害を防止したりすることが可能である。そのためにも，まずは，本人と

表 12-4　早期診断により可能になること

- 治る認知症を治療につなげる。
- 認知症の知識を得て生活を組み立てなおす。
  - ▷　生活に支障をきたさないための工夫をする。
  - ▷　家族や友人に理解してもらい，つながりを保つ。
  - ▷　通院や服薬，食事，運動など健康の維持に必要な活動を確保する。
- 認知症の進行を遅らせる薬剤を開始する。
- 悪徳商法や詐欺などへの被害の防止策を講じる。

家族に診断と病気の特徴を伝えて，今後の療養に関する心構えをしてもらうことが重要になる。

（4）　鑑別診断の手順

　認知症の初期症状としては，記憶障害として①日付を繰り返し確認する，②繰り返し同じ話をする，③置き忘れやしまい忘れが目立ち探し物をよくしている，④蛇口やガスを閉め忘れるなどの症状が，また，判断力や計画能力の低下から，①複雑な料理を作らなくなる。②買い物ができなくなる，③薬の管理ができなくなるなどの症状がみられる。また，アルツハイマー型認知症をはじめとして自分の能力低下に気づかない病識の低下が伴っていることが多く，こうした生活上の変化に本人がきづいていない場合は，特に認知症である可能性が高くなる。うつや無気力，妄想などの精神症状が初期症状としてみられることもある。

　初診時には，①症状の経過と生活上の変化，②現在，および過去に治療を受けた疾患とその治療内容，③家族歴，④生活環境，⑤教育歴，生活歴，職業歴，について情報収集する。中でも，家庭や仕事での生活機能の変化に関する情報が重要になる。問診では，受診した理由や，もの忘れの自覚の度合いを評価するとともに，うつや意識レベルの低下がないかについて確認する。認知機能の低下が家族の話や問診，スクリーニング検査から明らかになれば，より詳しい認知機能検査や MRI，CT，

脳血流 SPECT といった脳画像検査，採血などの臨床検査を行う。これらによって，前述した治療可能な認知症を鑑別することができる。

（5）　認知機能検査

　認知機能のスクリーニング検査には，改訂長谷川式簡易知能評価スケール（HDS-R）や Mini-Mental State Examination（MMSE）などがよく用いられる。また，白紙に 11 時 10 分の時計を描かせる時計描画検査も，簡便に計画力や抽象概念，視空間機能など複数の認知機能を評価することができることからよく用いられ，75 歳以上の運転免許更新の際に行われる認知機能検査にも取り入れられている。

　より詳しい検査としてよく用いられるものとしては，Alzheimer's disease Assessment Scale 日本語版（ADAS-J cog），リバーミード行動記憶検査，WMS-R ウェクスラー記憶検査などがある。前頭葉機能の低下が疑われる場合は，Frontal Assessment Battery（FAB）や EXIT25，Trail Making Test（TMT）が用いられ，言語面での障害が疑われる場合は，WAB 失語症検査日本版や標準失語症検査が追加される。その他臨床的に用いられる検査としては，レビー小体型認知症の視覚機能障害を検出する検査としてノイズパレイドリアテストがある。これは，レビー小体型認知症において認められる，壁の模様や雲などが人の顔や動物のように見えるパレイドリアと呼ばれる現象をテストするもので，視覚ノイズ刺激を提示して通常は見えない人の顔や動物を認識することがあるかをみる。

3.　認知症の症状

（1）　症状の分類

　認知症の症状は，大きく分けて中核症状と周辺症状に分けられる（図 12-2）。中核症状は，記憶障害などの認知機能障害のことを指し，周辺

194

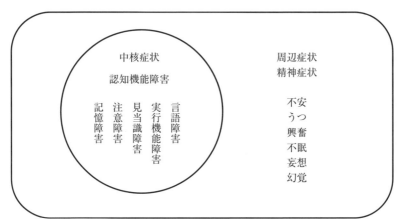

図12-2　認知症の症状

症状は不安やうつ，妄想といった精神症状のことを指す。周辺症状は，中核症状と同等に重要であることが認識され，最近は「認知症に伴う行動・心理症状」（Behavioral and Psychological Symptom of Dementia: BPSD）と呼ばれることが多い。

（2）中核症状（認知機能障害）

　中核症状の代表的な症状として記憶障害が挙げられる。認知症における記憶障害は，一般に数分から数時間前の記憶，いわゆる近時記憶が障害されることが多く，病状の進行とともに徐々に遠隔記憶と呼ばれる過去の記憶に障害が及ぶ。見当識とは，日時などの時の認識，今自分がいる場所の認識，および友人や家族などの人に関する認識のことで，この順で障害されやすい。注意障害は，そのとき必要な情報に注意を向けたり，そのまま注意を持続したりすることが難しくなる症状である。実行機能障害は，料理や洗濯など手順を踏んで行うことが必要なことや物事を計画したりすることができなくなる症状である。言語障害は，脳の障害パターンによって様々な症状が出る。大まかに分類すると，前頭葉の

発話や発声を司る領域が障害されると運動性失語と呼ばれる言語の表出の障害がみられ，側頭葉の言語の理解を司る領域が障害されると感覚性失語と呼ばれる言語理解の障害がみられる。

（3）周辺症状（BPSD）

　不安，うつなどの心理症状と，多動，興奮などの行動症状がみられる。出現する症状は，疾患によってある程度よく出現する症状は決まっているが，疼痛や不快感などの身体面や，家族からの叱責や働きかけの少なさなど環境との相互作用によっても生じることがある。

　うつは中でも認知症の経過の中で多くみられる症状である。同じく頻度の高い精神症状である無気力と似ているが，ネガティブな感情が優勢となる点で異なる。よく涙を見せるようになったり，嫌だったことをよく思い出して話したり，将来への不安を話したりするようになる。無気力とは異なり，抗うつ薬による薬物療法により改善の可能性があることから，積極的に発見して治療に結び付けることが重要である。認知症の診断基準のところで述べたように，認知症がないにもかかわらず，うつにより一見認知症のように見えることがあり，うつ病性仮性認知症と呼ばれる。これは，治療により改善させることができるが，一方でこのような病態は認知症のリスクファクター，あるいは前段階であるという研究もある。

　せん妄は，意識レベルが低下した状態で幻覚や妄想，興奮などを伴う病態である。身体疾患で入院した際によく生じ，夕方から夜間にかけて増悪する特徴がある。治療としては，環境調整を中心に生活リズムを整える介入を行う。

4. 主な疾患の症状と経過

（1） アルツハイマー型認知症

　約100年前にドイツのアルツハイマー博士が発見したことからこの名がついている。神経細胞に毒性のある物質が蓄積することで徐々に神経が傷害され，死後顕微鏡で脳をみると老人斑や神経原線維変化と呼ばれる変化が確認される。このような変化は，脳全体に一様に起こるわけではなく，初期には海馬，頭頂葉，側頭葉に生じ，徐々に前頭葉にも広がっていく。このような脳障害のパターンから，海馬と関連する記憶や，頭頂葉と関連する視空間機能，側頭葉と関連する言語能力などが10年位の時間をかけて年単位で徐々に障害される。

（2） レビー小体型認知症

　横浜市立大学の小阪が発見した神経変性疾患。海馬や頭頂葉，側頭葉といったアルツハイマー型認知症と共通の脳部位に萎縮がみられるが，海馬の萎縮はアルツハイマー型認知症と比較すると軽度である。また，脳血流SPECTでは，後頭葉にも血流低下が及んでいる症例が半数近くあることがわかっている。症状としては，もの忘れや視空間機能障害，言語障害といったアルツハイマー型認知症と共通の症状に加えて，注意が変動しやすいことや，幻視，パーキンソン症状がみられることが特徴である。

（3） 血管性認知症

　脳梗塞や脳出血といった血管のトラブルの後遺症として生じる。脳梗塞や脳出血が再発するたびに悪化していく階段状の進行が特徴と言われるが，小さな脳梗塞や慢性の脳の虚血により緩徐に症状が進行していくタイプもある。歩行障害，深部腱反射の異常といった神経学的徴候がみられるのと，尿失禁が比較的早期からみられる。また，精神面では，感

情が高ぶりやすく，怒りっぽくなる一方，普段は無気力で活動性が低下していることが多い。肥満，高血圧，高脂血症，糖尿病などのいわゆる生活習慣病を合併していることが多く，進行防止のためにはこれらの疾患の治療が重要である。

（4）　前頭側頭葉変性症

　前頭側頭葉変性症は，前頭側頭葉を中心に神経変性が起きて萎縮がみられる病気の総称である。症状や神経病理の所見によって，1）前頭側頭型認知症，2）意味性認知症，3）進行性非流暢性失語に分類される。

　前頭側頭型認知症は，早期から反社会的な行動や脱抑制などの性格・行動の変化がみられるのが特徴で，前頭葉中心に萎縮がみられる。身なりに無頓着になり，万引きをしたり，他人に対する気遣いができなくなったりする。病識はなく，食事の好みが変化して，甘いものを好むようになる。記憶や見当識はずっと進行しても保たれていることが多く，当初は精神疾患と診断されていることもある。

　意味性認知症は，左側頭葉前部に限局した脳萎縮がみられ，この部位には言葉の意味が蓄えられているため，徐々に言葉や物の名前や意味が言えなくなる。この症状は，言葉の始めの音をヒントに出しても改善しないことが特徴である。一方で発話は障害されず，流暢に話すことができる。前頭側頭型認知症と同様に，記憶や見当識は保たれる。一部に右側頭葉前部に限局した脳萎縮がみられる場合があり，その場合は顔を見ても親しい人の名前が出てこないという症状がみられる。

　進行性非流暢性失語では，左シルビウス裂前後の萎縮がみられ，発語がゆっくりと努力性になり，音韻の並びを間違えることもある。記憶や見当識は保たれる。

5. 治療

（1） 薬物療法

　神経変性疾患については，疾患の進行そのものを止めたり改善させたりするような薬剤は現段階では開発されていない。アルツハイマー型認知症では，抗認知症薬と呼ばれる薬剤が 4 種類承認されており，進行を抑制する効果がある。レビー小体型認知症においては 1 種類が承認されている。前頭側頭葉変性症については，どの病型においても承認されている薬剤はない。血管性認知症については，脳出血や脳梗塞の再発予防を目的とした薬物療法が行われる。アルツハイマー型認知症については，現在も多くの新薬の臨床試験が行われており，有効な薬剤が開発されることが期待されている。

（2） 非薬物療法

　主な非薬物療法を表 12-5 に挙げる。認知症の進行抑制効果について

表 12-5　非薬物療法

回想法	幼少期や若い時代のことを想起できるような写真や音楽などを使用して，グループで思い出を共有する。
音楽療法	音楽を鑑賞する場合と，自ら楽器を演奏したり歌ったりする場合がある。記憶障害や言語障害が強くても歌う能力が残存している場合がある。
園芸療法	畑で作物を育てたり，花を育てたりする。非言語的な作業のため，言語障害が進行していても参加することができる。
運動療法	特に有酸素運動で認知症の進行抑制効果が報告されている。身体機能と認知機能の低下は互いに影響しながら進行することが多く，運動療法により身体機能を維持することは，認知機能の進行抑制も期待できる。
芸術療法	絵画や陶芸などの作品を作ることや芸術鑑賞が行われている。非言語的に行うことができ，適用範囲が広い。

は，運動療法において多くの報告がある。他の非薬物療法については，主に情動面の安定化やコミュニケーションの活性化が報告されている。精神症状のうちで頻度の高い無気力は，前頭葉機能の低下を背景として生じることもあるが，それまで楽しんでいた趣味が認知機能の低下のために楽しめなくなったり，自分で楽しめることを計画することが難しくなったりすることによっても生じる。様々な非薬物療法を試み，個々の患者に合った活動を探すことが重要である。

6. まとめ

　認知症の症状と経過，治療法について概説した。認知症の人の生活を支える心理的介入のためには，まずその人の疾患の特徴を理解し，障害だけでなく残存機能も的確に評価して環境調整や本人，家族への介入を進めることが重要である。

●学習課題

1. 認知症の主な症状についてまとめてみよう。
2. 認知症の診断に用いられる認知機能検査についてまとめてみよう。
3. 認知症の非薬物療法の実際について調べてみよう。

引用文献

1. 朝田隆（2012）　厚生労働科学研究費補助金（認知症対策総合研究事業）「都市部における認知症有病率と認知症の生活機能障害への対応」　平成 23 年度～平成 24 年度総合研究報告書

参考文献

1. 成本迅，藤田卓仙，小賀野晶一編（2018）　『認知症と医療』　勁草書房
2. 安田清（2018）『MCI・認知症のリハビリテーション　Assistive Technology による生活支援』　エスコアール

13 | 高齢者に対する心理臨床（2）
―心理的介入のための方法―

大川 一郎

《**目標＆ポイント**》 本章では，高齢者に対する心理的介入のための方法について説明していく。まず，高齢者に対する心理的介入（心理療法）の全体像を示す。次に，高齢者への理解から心理的介入，評価に至る過程について，ケースフォーミュレーションの流れに準拠しながら，認知症（レビー小体型認知症）の高齢者を事例として説明をしていく。そして，最後に，高齢者分野における多職種の共同チームの役割について説明する。
《**キーワード**》 高齢者，認知症，心理的介入，心理療法，ケースフォーミュレーション，多職種連携協働

1. はじめに

　第11章では，心理臨床の役割としての「特定の個人の理解」について高齢者に焦点をあて，鈴木さんの事例を交えながらその方法論について説明を行った。鈴木さんの今の状況に対しての心理を分析していったときに，そこには，高齢期という発達段階の中での特徴的な心理を伺うこともできた。本章では，高齢者の気になる行動や心理に対して，どのように理解し，対応していったらいいのかという心理的な介入のための方法について説明していくことにする。

　本書では，「働くことにかかわる問題」，「家族にかかわる問題」，「退職」，「人生の途中での病・障害」，「死」，「認知症」等の中高年にかかわるテーマを扱っている。これらは，人が生きていく中で，中高年期になり，

必ず遭遇する問題である。それは自分の問題であったり，家族の問題であったり，親しい人の問題であったりする。

　これらの問題に遭遇した場合，本人にとってはもちろん，家族や周りの者も，ストレスフルな状況におかれ，心身への影響も出てくるだろうし，行動上の変化も生じてきて，日常生活に大きな障害が出てくる可能性も高い。このような状況を，第三者の力を借りてでも，当事者である本人や周りが解決したいという思いがそこにはある。そのときに，当事者に対して問題解決の援助を行うのが心理臨床の役割になる。

2. 高齢者に対する心理的介入（心理療法）

　第11章の鈴木さんの事例で見てきたように，多面的な情報にもとづき，ある程度対象者の理解が進んできて，第三者による援助の必要性が感じられたときに，あるいは，先述したような中高年期の心理臨床的な問題に対して，本人や周りが困っており，援助に対するニーズがあるときに，その問題の解決をどのようにしていったらいいだろうか。このような場合，心理的介入の対象となる当該の高齢者の状況に応じて，適宜，それぞれ理論的背景を持った心理療法が適用されることになる。表13-1に高齢者に適用される心理的介入の一覧を示す（日下，2011）。

　黒川（2014）は，高齢者に対して心理療法を適用するときの前提として，1）高齢者特有の発達課題を理解する，2）高齢者特有の心身の変化を理解する，3）自分の高齢者観を自覚する，4）高齢者が生きてきた各々のコホートや地域の特性を理解する，5）高齢者の生きている「今」を理解する，の5つを指摘している。第11章でも見てきたようにこれらの高齢者に対する理解のもと，以降の心理的介入がなされていくことになる。

表 13- 1　高齢者に適応される心理的介入

当該高齢者の状況		心理療法	
認知機能の障害が少ない高齢者	精神的問題を抱える高齢者（うつ・不安・不眠など）	認知行動療法 行動療法 短期精神分析療法 対人関係療法	リラクゼーション訓練 回想法 読書療法 心理教育　等
	身体的問題を抱える高齢者	認知行動療法	心理教育
認知機能の障害のある高齢者	認知症の行動障害	行動的技法による問題解決療法 活動療法・運動療法　等	
	記憶の障害	リアリティ・オリエンテーション 記憶訓練	
介護者		認知行動療法 ストレス・マネジメント	自助グループ 心理教育　等

出典：日下（2011）

3. 高齢者に対する心理的介入の進め方

　心理臨床の対象となる人への介入のための方法論の1つにケースフォーミュレーション（事例定式化）を挙げることができる。ケースフォーミュレーションとは，気になる個々人の行動や心理の中から，変容しようとする行動や心理を定め，それらについての情報を収集，整理し，分析する中でその行動や心理の原因や背景要因を推測し（仮説），その仮説にもとづいて対応について考え，介入し，評価していくという一連のステップからなる仮説検証型の方法論ということができる。

　ブルックら（Bruch,et.al.）は，認知行動療法の枠組みの中で，表13-2に示すようなケースフォーミュレーションのプロセスを提唱している。

　本節では，認知行動療法という枠にとらわれず，当該高齢者への理解・

表13-2　ブルックらによるケースフォーミュレーション・プロセス

第1段階：問題の明確化
1．問題について関係者に語ってもらい，情報を得る。 2．関係者の介入に向けての当初の目標を明らかにする。 3．最初に得られた情報に基づいて，問題を特定化する。 **テーマ：介入に関しての合意を得られるように意識を高めるプロセス**
第2段階：仮説探索
4．原因と維持に関する仮説を生成する。 5．認知行動的アセスメントを多元的に行う。 6．仮説を検証するために情報を集める。 **テーマ：さらに詳細な観察をする段階**
第3段階：フォーミュレーション
7．フォーミュレーションと介入仮説を完成させる。 8．クライエントと話し合い，目的の再確認を行う。 9．仮説の妥当性を検討し，修正する。 **テーマ：仮説検証により，問題事態を適切に説明できるように仮説を 　　　　洗練させる段階**
第4段階：介入
10．採用する介入の方法と手続きを決定する。 11．介入契約が結ばれる。 12．合意に基づいたプログラムを実行し，その結果をモニターする。 **テーマ：フォーミュレーションに基づいて構造化された介入を実践する段階**
第5段階：評価
13．介入の結果を評価する。 14．何らかの変化があれば，それが，どのような些細なことでも支持され促進される。必要に応じて介入プログラムを改善し，新たな目標を設定する。 15．介入結果の評価とケースフォーミュレーションの修正を継続する。介入の成果を定着させるために介入方法を工夫し，発展させる。 **テーマ：変化の過程をモニターしながら促進する段階**

出典：Michael B. & Frank W.B., (1998) ／下山ら訳 (2006)

介入に至る過程を，ケースフォーミュレーションの流れに準拠しながら
説明していく。また，事例としては，認知症（レビー小体型認知症）の
高齢者を取り上げる。レビー小体型認知症は，大脳皮質にレビー小体と
いう物質が広く現れ，注意力の低下，視覚認知（幻視等）の障害，記憶
障害等の認知機能の障害をもたらす認知症である。アルツハイマー型認
知症，脳血管性認知症とともに３大認知症と呼ばれている。なお，本事
例は，筆者を含む高齢者の心理臨床にかかわる研究者を中心として，高
齢者施設職員，医師等との連携の中で検討が進められ，介入に至った事
例である。

（1） 第1段階・問題の明確化：「気になる行動や心理は，具体的にどのようなものなのか？」，「何が問題なのか？」，「誰のための援助なのか？」

　まず，問題の明確化にあたっては，第11章で見てきたような理解の
ために得られた情報に加えて，判断力がしっかりしている場合，本人か
らの聞き取りにより「気になること」，「ストレスを感じること」，「なん
とかしたいこと」等の具体的な情報を得ていく。認知症等により本人の
判断力が不安定な場合，周りにとって「気になる行動」等の情報を具体
的な行動レベルで得ておく必要がある。これらの情報を多面的，総合的
に分析して，解決すべき問題を明確化していく。この時点では，解決す
べき問題は複数であっても構わない。

　次に，「何が問題なのか」，「誰のための援助なのか」という視点から
問題の明確化を行う必要がある。特にケアが必要な高齢者の場合，本人
は困っていないのに，周り（家族や施設職員）が困っている行動を問題
として取り上げる可能性もある。対象となる高齢者の判断力が低下して
いたり，認知症等の状態になっていたり等，その意思をなかなか確認で
きない場合，この点，留意しておく必要がある。優先すべきは，本人に

とっての福利（幸福と利益）である。

（2）　第 2 段階・仮説探索：「なぜ，そのような行動や心理となるのか？」

1）さらに情報を収集し，整理，分析する

　問題が明確化された次の段階として，その問題の原因は何なのか，その背景には何があるのか，ということについての仮説（みたて）を立てていくことになる。ただ，仮説を立てるためには情報が必要となってくる。これまでの過程の中で情報の収集，整理，分析が行われているが，先の段階で明確化された問題（気になる心理や行動等）についてさらにデータを収集していく必要がある。こられの情報無くして，「何が原因なのか？」，「その背景にはどのような要因があるのか？」の仮説は立てられない。

　情報の収集，整理，分析の方法としては，認知行動療法の手法としてセラピストとクライエントが一緒に，「クライエントが現在体験している行動上の問題を日常のことばですべてリストアップする」，「視覚的に検討できるよう，一覧として書き出し，それらの関連性についても検討する」（Meye & Tarkat,1979）等が挙げられる。（Bruch & Bond,1998;下山ら, 2006）。

　認知症の高齢者のように本人からのインタビューによる情報収集の手法が取れない場合，第 11 章の表 11-5 で示したような「機能分析」の手法等が使われる。参考例として，レビー小体型認知症高齢者の方へ用いた機能分析のための記録用紙（図 13-1）と機能分析から見えてきた対象者の気になる行動の特徴（表 13-3）を示す。例えば，気になる行動がみられた場合，その都度，この記録用紙に記入をしていき，その記録を 1〜2 週間程度続けていく。そのあと，すべての記入用紙の情報を一枚のシートにまとめていき，一覧できるようにして，気になる行動の規則性，特徴等について分析していくのである。もとより，この手法は，

206

気になる行動についての記録用紙

※気になる行動について、気付いた人もしくは対応した人が、
　　　1つの行動につき、この記録用紙に1枚記入した後、所定の箱に入れて下さい。

記録者（対応した人）：＿＿＿＿＿＿＿＿

気になる行動：①服を脱ぐ　②床に寝転がる　③対職員とのトラブル　④対利用者とのトラブル

※該当する気になる行動の番号に〇をつけて下さい

A　気になる行動の発生した時間　　　月　　日（　）　　時　　分

B　気になる行動の発生した場所

C　気になる行動の具体的な様子（どのような場面や状況下、きっかけで、どのような言動がみられたか等について具体的に記述して下さい。）

上記（気になる）具体的行動の理由と考えられること

D　気になる行動に対する対応（職員他）

E　その対応に対する利用者様の具体的な反応

F　その他

出典：大川ら（2011）一部改変

図13-1　気になる行動についての記録用紙（参考）

表 13-3　機能分析から推測される行動上の特徴

［生起場面］
・トイレ介助場面で多く，また，浴室，居室などでも一部見られる。
・浴室やトイレへの移動場面では，見られない。
・浴室に入るまでは抵抗があるが，浴室に入ってしまうと抵抗はしない。
・脱衣の介助場面が，共通点としてあげられる。
・介護するワーカーによっての違いはない。
［程度・抵抗時の様子］
・ズボンを脱がせようとすると，手で押さえようとする。しかし，ズボンを下ろすという
　動作は，自分から行おうとしない。
・機嫌が悪くて興奮しているときは，何を言ってもだめだが，それ以外はズボンを脱がす
　時の抵抗が多い。
［介護抵抗がない場合（例外）］
・本人がトイレを探してうろうろ始めたときには，誘導に対しての抵抗はない。

出典：大川ら（2011）一部改変

認知症の高齢者だけに適用するものではなく，幼児〜高齢者に至るまで，行動の機能分析を行うときにも適用される。

2）仮説を立て・洗練する

　気になる行動や心理（気持ち）についての情報収集や情報にもとづく分析が終わった次のステップとして，「仮説を立てる」という段階に進んでいく。気になる行動や心理について，その原因や背景要因をそれまでの情報を分析することによって推測していくのである。その推測が，仮説ということになる。この段階では，仮説はいくつあっても構わない。重要なことは，その推測（仮説）の根拠を対象者に対してこれまで収集してきた情報，分析，そして，発達段階についての理論，当該の行動や心理についての先行研究からの知見等にもとづき論理的に示すことである。根拠のない仮説は妄想にしかならない。

　仮説の論理性を確保するために重要なことは，「文章化」するという

ことである。気になる行動や心理の発生の経過から，その特徴，当該の高齢者が現在おかれている状況，それらのことを勘案してその行動や心理に至った理由をたどり当てていく，これらを文章化することによって，初めて，仮説の論理性，精緻化が徐々に確保されていくことになる。そして，これらの仮説を検証するために必要に応じて観察やインタビュー等によって新たな情報を収集し，その情報と照らし合わせて，仮説の選択を行っていくことになる。

（3） 第３段階・フォーミュレーション：「どのように仮説の精選・洗練を行い，介入の目的を確認・共有していくのか？」

　この段階において，仮説を１つに絞りこみ，磨き上げていく。この際に重要な武器となるのが，「根拠（情報）に基づいて作り上げられた仮説について文章化したレポート」である。ケースフォーミュレーションの対象となる特定の高齢者に対してチームで対応している場合，あるいは，スーパーバイズを受ける場合，これらの文章化されたケースレポートがあれば，特定の高齢者に対する情報とケースフォーミュレーションの過程を客観的に共有することができる。そして，このことにより，仮説に至る論理の適切性，さらに必要な情報等を明確にすることができる。チーム内で根拠にもとづき仮説の検討を行うことにより，さらに仮説が精錬されていく。

　これらの分析の経過を先のレポートに加筆し，それを元にさらに検討を進めていく。そして，必要な情報をさらに収集し，仮説の精選・精錬を行っていく。この繰り返しということになる。表13-4に先の気になる行動のある高齢者に対する仮説（理解例）を示す。

　上記の過程の中で，気になる行動や心理（気持ち）の原因や背景要因が１つの仮説に集約されていく。この段階で，当事者（本人あるいは家族）との仮説の共有を必要に応じて，適宜行っていくことになる。そし

表13-4　職員への暴力という気になる行動に対する仮説（理解）

職員への暴力や暴言・介護拒否という気になる行動について，場面や程度，そのような行動が生じない反例場面などについて，さらなる情報収集を行った。多くの場合，トイレ介助の場面で起きており，浴室，居室などでも一部みられる。各場面に共通している点は，脱衣等の介助時の抵抗である。この点から言うと，当初，問題視されていた，介護者を叩く，蹴るという職員への暴力という行為の背景にあるのは，介助場面に限定されるものであり，介護に対する抵抗ということができる。これらの行動は，「介護抵抗」として理解することができる。

さて，何故，介護抵抗が生じるのだろうか。いくつかの理由が推測される。1つは，認知機能の低下によりもたらされたものではないか，ということである。Aさんは，レビー小体型認知症に起因する判断力の低下，記憶障害がある。会話によるコミュニケーションは保たれているが，「トイレに行きますか？」，「お風呂に行きましょうね」という声かけに対し，「うん」という返事をしているが，トイレ・浴室などの場所を示す言葉を，本人に理解していない可能性がある。また，目的の場所までの移動中に何をするか忘れてしまっている可能性もある。そして，このことを本人が理解していない（忘れた）ために，トイレや浴室で，急に服（特に下着）を脱がされる行為を強制させられたと感じた結果，そのことに反発して職員に対しての乱暴へとつながったということも考えられる。

もう一つの理由は，入浴や排泄という人前で裸になるということに対して，過敏に反応しているのではないかということである。認知症が進んだ場合でも，排泄など羞恥心をともなうようなケアに抵抗を示すことがあるが，Aさんの場合，ライフストーリーの考察から，「自立心」，「プライドの高さ」などがキーワードとして浮かび上がってきている。入浴の際には裸になる，排泄の際には，トイレで下半身が裸になり，排泄という行為を第三者（介護者）の前で行うことになる。これらの行為をさせられることに対する羞恥心，拒否感，嫌悪，反発などの気持ちが，過敏な介護抵抗へと結びついているのではないだろうか。

出典：大川ら（2011）

て，気になる行動や心理（気持ち）をどうしたいのか，どのように変えていきたいのか，ということについて，その可能性も含めて検討を行っていく。

（4）　第4段階・介入：「理解に基づきどのような目標のもと，どのように対応していくのか？」

次の段階として，上記の気になる行動や心理の理解にもとづき，どの

ような目標のもとどのように対応していくのかという介入の方法を具体
的に考えていくことになる。この際，重要なことは，「目標」と「目標
達成のための方法」を分けて考えることである。

　まず「どのようになりたいのか」，「どのような行動や心理に変えたい
のか」という目標を具体的な心理や行動レベルで明確にしていく。その
上で，その目標達成のために具体的にどうしていったらいいのか，とい
うことについて，抽象論ではなく，行動レベルで，系統的に考えていく。
このことを当該の高齢者や家族とともに，あるいは，必要に応じて，施
設職員等と協働で行っていくのである。そして，実行（介入）していく。

　例えば，事例として示してきたレビー小体型認知症の高齢者の「職員
に対する暴力や暴言という行動」に対して，どのような対応の目標を立
てていったらいいだろうか。本高齢者の場合，表13-4で示したように「介
護抵抗」であるという理解がなされ，その行動の背景には，1）認知機
能の低下，2）認識できていない行動を強制させられることに対する反
発がある，という2つの仮説が設定されている。

　対応としては，まず，「介護抵抗の減少を図る」ということが達成目
標として掲げられる。そして，次の段階で，その目標達成のために，1）
認知の機能の低下をどう補っていくのか，2）認識できない行動に対し
て強制をせずに，どのようにサポートを行っていくのか，ということを
具体的な行動レベルで考えていくのである。

　表13-5は，上記の流れに沿って考えられた，入浴場面における系統
的な対応策である。実際には，入浴場面だけではなく，トレイ場面でも
同様な理解のもと，別の対応策が考えられ，介入（対応）が行われた。

**（5）　第5段階・評価：「介入の結果，どうなったのか？」，「どうした
　　　らよかったのか？」**

　最終段階は，評価になる。介入の結果として，行動や心理が変わった

表13-5　認知症のある当該高齢者への入浴場面における対応例

対応1：居室
　　浴室に行くのだということを認識してもらうために，職員が洗面器をもち，「これか
らお風呂に行きますよ。いいですか。」，「お風呂から上がったら，どの服を着ますか。」
と入浴後の服はできるだけ自分で選んでもらうようにする。
　→ 意図）認知機能の低下に基づく認知の補い，次の行動への誘い，入浴に対する動機
　　　　　付けを高める。

対応2：浴室の前
　　浴室に着いたら，その前で，「Aさん，浴室に着きましたよ。看板に書いてある字，
見えますか」，「中に入りますね」と声かけをする。
　→ 意図）認知機能の低下に基づく認知の補い，次の行動への誘い。

対応3：脱衣所
　　脱衣所で，浴槽近くを見ながら，「他の方も入ってますね。服を脱いで入りましょう
か。」，「お湯をちょっと触ってみましょうか。」と声かけをし，一緒に浴槽まで行って，
触ってもらう。戻ってきて，脱衣のサポートをする。この際，適宜，「Aさん，上に着
ているシャツ，自分で脱いでいただけますか。」等の声かけをする。
　→ 意図）認知機能の低下に基づく認知の補い，次の行動への誘い。

対応4：浴槽
　　浴槽まで一緒に行き，「では，あったかいお湯に入りましょうか。」と促し，お湯をか
けて，浴槽に入ってもらう。

出典：大川ら（2011）

のかということが指標となる。もし，一定程度の介入の後，それらが変
わらなかったとしたら，仮説の設定，目標の設定，対応の設定等が適切
でなかった可能性がある。これらそれぞれについて検討を進めていく必
要がある。そして，適宜，先述してきた段階の中で，修正を行い，それ
ぞれの段階でやるべきことを進めていく。基本的には，このことを繰り
返していく。

　先の事例においては，それまで週に4回程度みられていた職員に対す
る暴言・暴力という介護抵抗が，この対応によって一度もみられなくな
った。

4. おわりに

　本章においては，高齢者に対する心理的介入について，その全体像，基本的態度，そして，ケースフォーミュレーションの流れに沿った介入に至る具体的なプロセスについて，事例を交えながら説明してきた。本事例でもみられたように，高齢者への心理的介入の場合，身体面，精神面，心理社会面等，多面的な側面からの理解と対応が必要となり，基本的には、多職種との連携協働が重要となってくる。

　図13-2に高齢者分野における多職種の共同チームの役割の見取り図を示す（デビソン他, 2007）。

　ここにみるように，心理（臨床）だけではなく，必要に応じて，医療，福祉の3領域にかかわる専門家が，適宜，連携・協働しあい，それぞれの得意分野を活かしながら当該の高齢者に対して，理解と対応を進めていくことが理想的な姿であろう。

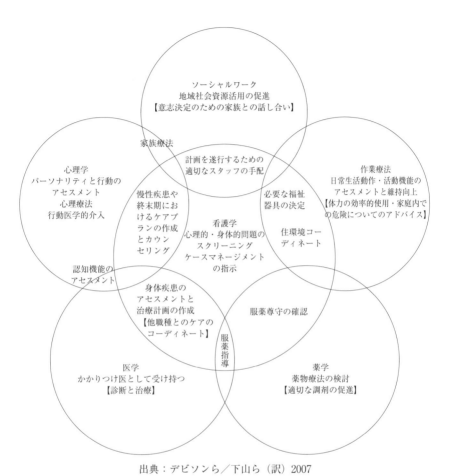

出典：デビソンら／下山ら（訳）2007

図 13-2　高齢者分野における多職種の共同チームの役割の見取り図

●学習課題

1. 表 13-1 で示した高齢者に対する心理療法の詳細について調べ，まとめてみよう。

2. ケースフォーミュレーションの実践例（ケース報告等）について，文献を調べ，読み，まとめてみよう。

3. 上記実践例について，どのような形で多職種連携が行われているのか，まとめてみよう。

引用文献

1. デビソン ,C.G., ニール ,J.M. & リング ,A.M.，下山晴彦（編訳）2007 テキスト臨床心理学 5「ライフサイクルの心理障害」誠信書房

2. 日下菜穂子 2011 心理的問題への理解と支援 大川一郎・土田宣明・宇都宮博・日下菜穂子・奥村由美子編 しっかり学ぶ老年心理学 ミネルヴァ書房 pp.192-pp.197

3. 黒川由紀子 2014 高齢者に対する心理療法 斎藤高雅・高橋正雄編 中高年の心理療法 一般財団法人 放送大学教育振興会

4. Mayer,V. & Turkat,I.D. 1979 Behavioral analysis of clinical cases. Journal of Behavioral Assessment,1,259-269

5. Michael B & Frank W.B., 1998 Beyond Diagnosis-Case formulation Approaches in CBT,First Edition John Wiley & Sons,Ltd（認知行動療法ケースフォーミュレーション入門 2006 下山晴彦編訳 金剛出版）

6. 大川一郎・田中真理・佃志津子・大島由之・LIN Shuzhen・成本迅・本田康憲・河田圭司・田邉真弓・新見令子・鈴木信恵・宮裕昭・山本哲也・佐藤眞一 2011 レビー小体型認知症高齢者の介護抵抗に関する実証的検討 高齢者のケアと行動科学 16 pp.64-pp.81

参考文献

1. 神田尚・大川一郎・田中真理・LIN Shuzhen・榎本尚子　2015　ステップ式仮説検証型事例検討の進め方—分析編— 高齢者のケアと行動科学　pp.2-pp.16
2. 大川一郎・榎本尚子・LIN Shuzhen・田中真理・神田尚 2015　ステップ式仮説検証型事例検討の進め方—実践編— 高齢者のケアと行動科学　pp.2-pp.16
3. 斎藤高雅・高橋正雄編　中高年の心理療法　一般財団法人 放送大学教育振興会
4. 下山晴彦編集主幹　2019　公認心理師技法ガイド—臨床の場で役立つ実践のすべて—　文光堂
5. 田中真理・大川一郎・榎本尚子・LIN Shuzhen・神田尚　2015　ステップ式仮説検証型事例検討の進め方—理論編— 高齢者のケアと行動科学　pp.2-pp.16

14 | 認知症の人に対する支援

成本 迅

《**目標＆ポイント**》 認知症の人が地域で生活していくためには，医療介護の専門職との連携が重要である。認知症の人の心理をふまえ，支援にあたっての基本的な考え方や認知機能の低下による課題とその対応について，家族への支援も含めて解説する。
《**キーワード**》 多職種連携，BPSD，応用行動分析，介護者支援，意思決定支援

1. はじめに

　認知症の人の地域生活を支えるために，医療介護の連携を中心とした地域包括ケアが重要である。そのためには，様々な職種が果たす機能を理解し，情報共有を図ることが必要となる。また，高齢期は様々な病気に伴う生活スタイルの変更や，治療方針の決定，施設入所の決断，遺産に関する遺言の作成など，それまでとは異なる重大な意思決定を求められる時期でもある。認知症により意思決定能力が低下した人については，適切な評価と支援が必要である。

2. 地域包括ケア

（1） 地域での取り組み

　認知症の人が地域で生活するにあたって，様々なことが障壁となる。一般の人の間での偏見はまだまだ強く，認知症にかかったことをオープ

ンにするには相当の勇気が必要である。また，介護保険制度に関する理解も十分ではなく，必要な支援にたどり着いていない人もいる。さらには，進行に伴って必要な医療や介護サービスが変化していくため，情報共有がうまくいかず，その人に合った支援を提供できないこともある。京都府では，このような課題を解決するために，京都式オレンジプランを策定し，認知症の人が地域で自分の意思を尊重されながら過ごすことができる社会の実現を目指している。表14-1に京都式オレンジプランで目標としている10のアイメッセージを提示する。ここでは，地域住民への普及啓発や医療と介護の連携強化，意思決定支援の考え方の浸透などが目指されている。

表 14-1　京都式オレンジプラン 10 のアイメッセージ

1. 私は，周囲のすべての人が，認知症について正しく理解してくれているので，人権や個性に十分な配慮がなされ，できることは見守られ，できないことは支えられて，活動的にすごしている。
2. 私は，症状が軽いうちに診断を受け，この病気を理解し，適切な支援を受けて，将来について考え決めることができ，心安らかにすごしている。
3. 私は，体調を崩した時にはすぐに治療を受けることができ，具合の悪い時を除いて住み慣れた場所で終始切れ目のない医療と介護を受けて，すこやかにすごしている。
4. 私は，地域の一員として社会参加し，能力の範囲で社会に貢献し，生きがいをもってすごしている。
5. 私は，趣味やレクリエーションなどしたいことをかなえられ，人生を楽しんですごしている。
6. 私は，私を支えてくれている家族の生活と人生にも十分な配慮がされているので，気兼ねせずにすごしている。
7. 私は，自らの思いを言葉でうまく言い表せない場合があることを理解され，人生の終末に至るまで意思や好みを尊重されてすごしている。
8. 私は，京都のどの地域に住んでいても，適切な情報が得られ，身近になんでも相談できる人がいて，安心できる居場所をもってすごしている。
9. 私は，若年性の認知症であっても，私に合ったサービスがあるので，意欲をもって参加し，すごしている。
10. 私は，私や家族の願いである認知症を治す様々な研究がされているので，期待をもってすごしている。

（2） 多職種連携について

　認知症を患った人の生活を支えるには，早期発見や，身体合併症，精神症状への対応といった課題に医療と福祉が連携して取り組んでいく必要がある。例えばアルツハイマー型認知症は，年単位でのゆっくりとした症状の進行が特徴で，図 14-1 に示すように病期によって異なる課題に対応しながら認知症の人とその家族を支えていく必要がある。なお，「入口問題」とは，京都府立洛南病院の森俊夫医師が提唱した言葉で，認知症に本人や周囲の人が気づいていてもなかなか医療につながらない問題のことを指している。従来，認知症の発症が疑われても，本人が否認して受診につながらなかったり，家族も積極的には医療にかかることをしないことが多かったため，医療現場に認知症の人が登場するときには，かなり進行した段階で，認知症に伴う行動・心理症状（Behavioral and Psychological Symptoms of Dementia：以下 BPSD と言う）が悪化していたり，家族が介護に疲弊して在宅療養を続けることができないような状態になっていたりすることがあった。このような形での医療との出会いでは，強制的な入院や施設入所で対応せざるを得ないことがあり，本人，家族，医療介護の三者にとって不幸な出会いとなるため，医療に

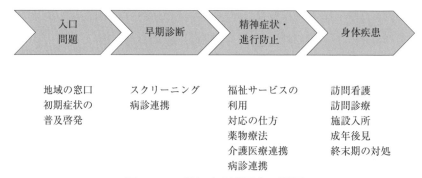

図 14-1　認知症介護医療の課題

早期につなげることが重要である。

　医療介護の現場では，図 14-2 に示すような地域連携体制が組み立てられている。介護に関しては，地域包括支援センターが 2005 年の介護保険法改正の際に新たに制定され，各市町村におおむね中学校区に 1 つ設置され，高齢者の相談窓口としてファーストタッチと地域づくりにおいて司令塔の役割を果たしている。具体的には，保健師，介護支援専門員（以下，ケアマネジャー），社会福祉士が配置され，介護保険の要支援者に対する介護予防マネジメントを行ったり，地域住民や介護施設，医療機関からの介護に関する相談を受けたりしている。地域包括支援センターには，地域で暮らす人たちの様々な情報が入りやすく，認知症の発症に伴う生活上の変化について最初に把握できる位置にある。

　医療においては，認知症に関する地域連携促進のため，認知症疾患医療センターと認知症サポート医制度が設けられ，地域のかかりつけ医を

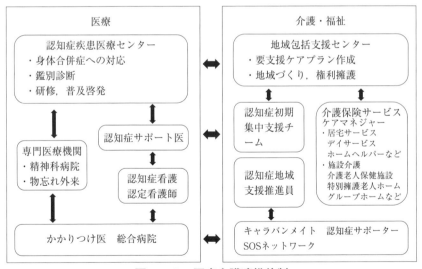

図 14-2　医療介護連携体制

支援する形で診療体制が組み立てられている。医療機関にかかると鑑別診断が行われ，認知症の診断がつけば在宅生活を支えていくための対策が，介護との連携のもとに開始される。介護保険の認定が必要な場合は，主治医が意見書を作成し，訪問調査を経て介護度が決定される。要介護になると，ケアマネジャーによりケアプランが立てられ，必要に応じて介護保険サービスを利用することができる。

　これらのシステムを補完するものとして，認知症初期集中支援チームが設置され，2018年からは全市町村で運用が開始されている。これは，貧困や孤立などで医療にかかることが困難な人に対して専門職が訪問して支援を開始するもので，訪問の後でチーム員会議が開催され，そこには地域の認知症サポート医も参加する。また，地域住民への普及啓発やまちづくりの取り組みとして，認知症地域支援推進員制度がある。推進員は地域包括支援センターと連携しながら，様々な形で地域での認知症の理解の推進と支援体制の構築に関与する。認知症サポーター制度は，キャラバンメイトと呼ばれる一定の研修を受けたボランティアが，学校，地域，職域などで認知症に関する講義を行うもので，受講者にはオレンジリングと呼ばれるリストバンドが配布される。

3. BPSDへの対応

（1）BPSDの評価

　BPSDの評価においては，糖尿病における血糖値にあたるような治療方針を決めるにあたって参考になる検査データがあるわけではない。また，診察室での医師とのやり取りの中では症状が観察されないことも多い。このため，在宅患者では家族，ケアマネジャーやデイサービスなどの介護職員，介護施設入所者では施設職員からの情報が対応を考える上で重要となる。また，治療にあたっては薬物療法以外に環境調整や対応

の工夫が重要であり，ここでも家族や介護職員との連携が重要になる。

　評価にあたっては，出現している症状をもれなくチェックし，それぞれの症状についてその頻度や重症度を評価する。Neuropsychiatric Inventory（NPI）や Agitated Behavior in Dementia Scale（ABID）（表14-2）といった評価尺度が使用されている。さらに，対応策を考えるにあたっては，症状の具体的な状況の把握が重要になる。例えば，落ち着かないとだけ表現するのではなく，「頻繁に立ち上がってドアのところを見に行く」といった具体的な情報があれば介入方法を考えるにあたってのヒントになる。

（2）　BPSD への対応

　BPSD は，認知症患者の約 8 割でみられるとされていて，一旦出現すると認知症の実際の重症度以上に生活に支障をきたし，本人や家族にとって多大なストレスとなり，施設入所や入院の原因となる。このため，早い段階から本人や家族に予防するための生活上の工夫を教えていく必要がある。また，急に出現した場合は，背景に脳梗塞などの新たな脳障害や，身体的疾患の増悪が関連している場合があるため，早急に受診する必要がある。

　持続している症状については，2 つの方向からの対応を検討する。すなわち，普段の心理的状態を良く保つための方策と生活の支障となっている行動に対する対応である。普段の心理的状態を良く保つためには，本人が安心して生活できる環境を整え，体調を良い状態に保ち，適度な身体活動に従事できるようにする。記憶障害のため予定を覚えることが苦手になっていることから，日々のスケジュールを一定にして，わかりやすく本人に伝えたり，定期的な外出を取り入れて，日中に十分日光にあたる機会をつくったりする。補聴器やメガネを使用している場合は，合っているか確認し，コミュニケーションがとりやすくするようにする。

表14-2　Agitated Behavior in Dementia Scale
（Torii, 2011 より引用改変）

施行手順：以下のリストは人々／患者様が時々抱える問題のリストです。
これらの問題のいずれかが過去2週間以内に起きたならば，教えてください。
　もしそうならば，問題が起きたとき，それがどの程度あなたを悩ませたり，動揺させましたか？問題の頻度とそれへのあなたの反応に関して以下の5段階または6段階の評価を用いてください。数字の意味を注意深く読んでください。

問題行動の頻度の評価	介護者の反応の評価
0= その週に問題行動は生じなかった 1= その週で1～2回，問題行動は生じた 2= その週で3～6回，問題行動は生じた 3= 毎日またはそれ以上の頻度で問題行動を生じた 9= わからない／当てはまらない	0= まったく動揺しなかった 1= 少しは動揺した 2= 中程度に動揺した 3= 大変動揺した 4= 大変ひどく動揺した 9= わからない／当てはまらない

1. 他の人に対して，言葉により威嚇あるいは攻撃的であった
2. 他の人に対して，肉体的に威嚇あるいは攻撃的であった
3. 患者自身を傷つけた（例：噛み付いたり，つねったりする）
4. 不適切に大声をあげたり，叫んだりする
5. ものを壊す
6. 適切な援助を受けることを拒む（例：身の回りの世話）
7. 不適切に自宅から出ようとしたり，出かけてしまう
8. 言い争う，怒りっぽい，文句をいう
9. 社会的に不適切な振る舞い（例：大声で攻撃的な話し方をする）
10. 不適切な性的な振る舞い（例：過剰なほど性的にせまる，公の場での性的な振る舞い）
11. 落ち着きがない，そわそわする，じっと座っていられない
12. 心配する，不安がる，恐れる
13. 容易に興奮したり，いらいらする
14. 夜中に目覚めて，起きる（トイレに行く以外で）
15. 患者を苦しませる，誤った信念や妄想（例：誰かに脅かされている，あるいは傷つけられている）
16. 実際には存在しない人々や物事を見たり，聞いたり，感じたりしてそれに苦しんだりする（例：家の中に見知らぬ男がいる，壁を虫が這っていたりする；幻覚）

実際の評価用紙は http://researchmap.jp/muym3t1kn-56600/#_56600 からダウンロード可能

家族や周囲の人にコミュニケーションの取り方を指導することも重要である。話しかける際には，十分に自分に注意を向けさせてから話すようにし，短くて簡潔な文を用いる。

　個別の行動に対しては，主な戦略としては認知症患者の問題となっている行動から気をそらせ，他のより適応的な行動に誘導することが中心となる。例えば，妄想や思い違いを話すときには，訂正はせず，他の話に話題を切り替えるようにする。対応を考えるにあたっては，応用行動分析の考え方が参考になる。すなわち，行動を先行条件（Antecedent），行動（Behavior），結果（Consequence）の 3 つの関係から分析する方法で，それぞれの頭文字を取って ABC 分析とも呼ばれる。ある行動が持続している場合は，その行動を強化するような結果が伴っていたり，特定の先行条件が関係していたりすることから，そこに介入して行動変容を図る。

　このような介入にあたっては，家族の支援が重要である。家族の介護負担を評価する方法としては，Zarit 介護負担尺度がよく用いられている。前述の NPI にも個々の精神症状がどの程度負担になっているかを評価する項目が含まれている。まず，家族の負担感を十分に聞き取り労いながら，これまでの対応を聞き取る。次に対応に関する助言を行うが，これまでの対応を否定することにならないよう気をつける。また，家族ができる対応かどうかも考慮し，状況や能力に応じてフレキシブルな提案を心掛けることが重要である。

　BPSD が重度で，在宅生活の破たんにつながりそうであったり，本人の苦痛が大きかったりするときは，薬物療法も用いられることがある。しかしながら，薬物療法が効果のない症状もあり，副作用もあることから，標的となる症状を定めて短期間にしぼって使用することが推奨されている。

4. 意思決定支援

（1） 意思決定能力評価

　認知症により認知機能が低下したり，うつやせん妄などの精神症状を伴っていたりすると，様々な意思決定を自ら単独で行うことが難しくなる。例えば，医師が医療行為に関してインフォームドコンセントを取得するにあっては，患者が医療行為に関する説明をその内容やリスクを含めて理解することが必要であるが，認知症によりそれが難しい場合がある。こういった場合には，有効な同意と言えるか患者の理解の程度を評価することが必要である。医療同意能力は，理解，認識，論理的思考，選択の表明の4要素モデルが一般的に用いられる。医療行為の複雑さやリスクによっても必要とされる能力は異なるとされており，予防接種のようにメリットが明らかでリスクも低いものについては低い能力でも有効な同意とすることが可能で，がんの手術などリスクが高く予後にも大きな影響がある治療については，本人の同意を有効とするには高い能力が必要とされる。

　詳しい評価に用いる方法として，半構造化面接法があり，代表的なものとしては，MacArthur Competence Assessment Tool-Treatment（MacCAT-T）が挙げられる。個別の医療行為について，その内容，治療の選択肢などについて，前述の理解，認識，論理的思考，選択の表明の4つの要素に分けて評価するようにデザインされている。所要時間は20〜30分で，下位項目の質問それぞれについて点数化するようになっているが，何点以上なら同意能力有りといったカットオフ得点が設けられているわけではなく，点数を参考にして総合的に判定するようになっている。

（2）　意思決定支援のプロセス

　治療方針の決定に際しては，決定の基礎となる医学的な情報を患者と比較して，医療者側が圧倒的に多く持っているという情報の不均衡があり，理解力にハンディキャップを抱える認知症の人では，この不均衡はより一層顕著となり，支援が必要である。医療者側は治療を任されている専門家の立場として，本人の利益になる治療を提案する義務があると同時に，こちらの価値観や論理の押し付けになっていないか検証する必要がある。能力が低下している場合は，本人の意向を推定し，周囲の状況を勘案して本人の最善の利益を導く決定は何かを検討していく。

　適切な意思決定支援を確保するための仕組みとして，医療機関では臨床倫理委員会が設置されている。このような場で倫理的ジレンマのある事例について検討する方法として，臨床倫理の4分割法と呼ばれる手法がある。医学的適応，患者の意向，QOL，周囲の状況の4つの側面から検討するもので，情報を整理することで論点が明確になり，様々な要素をもれなく検討できる。この検討にあたり，本人の意向や家族との関係についての心理的側面からの検討は，医学的適応や社会的状況と並んで重要な要素である。また，治療方針の決定は家族にとって心理的な負担となり，患者の死後も長く後悔が残り，一部はうつ状態に陥ることもある。このため，家族に対する心理的支援も重要である。

　このような意思決定支援の取り組みは，民間企業においても高齢顧客との契約において求められている。能力評価の仕組みを手続きに取り入れ，認知症の人が十分な理解なしにリスクを伴う契約や現在の生活に不必要な物を購買してしまったりしないようにすることが必要である。また，単に認知症の人を経済活動から締め出すのではなく，契約が可能な日常的な生活に必要なサービスや物品については，分かりやすい説明を受けて安心して契約できるような，認知症の人を包摂するような意思決

定支援のシステムが求められている。表14-3に意思決定サポートシステムと成年後見制度の対比を示す。

表14-3　意思決定サポートシステムと成年後見制度の比較
(小賀野, 2018)

	意思決定サポートシステム	成年後見制度
対象	地域	全国
根拠・手続	民法及び民法特別法 要綱, 条例 ガイドライン, マニュアル	民法及び民法特別法 家庭裁判所の審判（法定後見） 契約（任意後見）
支援	日常生活での意思決定 意思決定支援 地域の連携 例）日常生活自立支援事業	法律行為 代理権, 同意権, 取消権 成年後見人等, 指定された者
家族	家族の意向・関与を尊重	家族は成年後見人等の候補者
判断能力	生活能力 意思疎通能力	意思能力 事理弁識能力
能力判定	財産管理, 日常生活能力 対面と遠隔, ICT利用	財産管理 医師の鑑定・診断
支援時期	健康時から死亡まで 予防, 事前・事後の支援	判断能力低下の判定後 事後の支援
医療契約	患者と医師の協働関係	双務契約, 対向関係
医療同意	患者の意思 第三者の関与	患者の意思 成年後見人等に権限なし
個人情報	支援者間の共有 プライバシー保護	原則として本人の同意 プライバシー保護
公と私	公私協働における民法	私法としての民法
制度像	弾力性, 柔軟性, 個別性	堅実性, 厳格性, 統一性

5. まとめ

　以前は老人病院や精神科病院に比較的早期から入院し，亡くなるまでの長期にわたって病院で過ごすことが多かったが，近年は地域の介護福祉サービスの充実と医療面での進歩から長く地域で暮らせるようになってきている。専門職はそれぞれの技能を磨き，連携を深めていくことで，また，住民は認知症という病気を理解して患者の地域生活を支援することが求められる。また，民間企業は認知症の人が便利に使えるサービスを創出し，安定して契約を結ぶ工夫をこらす必要がある。このような取り組みにおいて認知症の人に対する心理的理解や支援が果たす役割は大きい。

●学習課題

1. BPSD について，本人と家族への介入方法についてまとめてみよう。
2. 認知症の人が地域生活で困難を感じる場面について調べてみよう。
3. 意思決定支援に関する工夫について調べてみよう。

引用文献

1. 第2次京都認知症総合対策推進計画（新・京都式オレンジプラン）（2018）
2. Torii, K., Nakaaki, S., Banno, K. (2011) Reliability and validity of the Japanese version of the Agitated Behavior in Dementia Scale (ABID) in Alzheimer's disease: Three dimensions of agitated behaviors in dementia. Psychogeriatrics, 11: pp.212-220
3. 飯干紀代子（2011）「今日から実践　認知症の人とのコミュニケーション　感情と行動を理解するためのアプローチ」中央法規出版
4. 宮裕昭（2011）要介護高齢者の不適応行動に対する応用行動分析学的介入の諸相，高齢者のケアと行動科学 16 ; 52-63
5. 小賀野晶一，成本迅，藤田卓仙編（2018）「認知症と民法」勁草書房
6. 三村將，成本迅監訳（2015）「医療従事者のための同意能力評価の進め方・考え方」新興医学出版社
7. 成本迅（2016）「認知症の人の医療選択と意思決定支援」クリエイツかもがわ
8. 山中克夫監訳（2016）「チャレンジング行動から認知症の人の世界を理解する」星和書店

15 | 死ぬということ

| 上手 由香

《**目標＆ポイント**》 人は誰もがいずれは死にゆく存在であり，同時に生ある
うちに死を体験することはできない。未知の世界である死に対して，通常の
生活ではあまり意識を向けることはないかもしれない。しかし，命にかかわ
る病気を体験することや，近しい人の死を通して，自分自身の生や死に思い
を向けるようになる。本章では，死にゆく人々と遺される人々の心理につい
て，悲嘆反応や喪の作業などの理論を論じるとともに，その際の心理的支援
について論じる。
《**キーワード**》 悲嘆反応，喪の作業，自死，デス・エデュケーション，セル
フヘルプ・グループ，複雑性悲嘆

1. 死にゆく人の心のプロセス

（1） 中高年の死亡者数の推移

　中高年の世代になると，親や祖父母など，自分より高齢の親族の死を
経験している人は多く，さらに友人や同僚など同世代の人を亡くす経験
も出てくるだろう。厚生労働省の平成 29 年人口動態統計によると，日
本人の年間死亡者数は 134 万 397 人であった。死因別にみると，悪性
新生物＜腫瘍＞の死亡数は 37 万 3334 人（死亡総数に占める割合は
27.9%），第 2 位は心疾患，第 3 位は脳血管疾患となった（厚生労働省，
2018）。

　こうした病気を死因とする場合，現在は多くの場合自宅ではなく，病

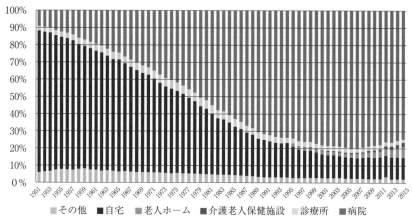

図 15-1　死亡の場所別にみた年次別死亡数百分率（厚生労働省，2015）

院で死を迎えることが多い。図 15-1 は，日本における死亡の場所の年次推移を示したものである。これをみると，1950 年代は 8 割近くの人が自宅で看取られていたのに対し，現在は 8 割近くの人が，病院で人生の最期を迎えている。自宅での看取りの経験が減少することは，死を身近なものとして経験する機会を減少させるものであり，死は自分から遠い出来事であるかのように日々の生活が営まれる。また日本においては死についての体系的な教育がほとんどされていない。そのため，死は誰にでも訪れるものでありながら，今を生きる人にとっては未知の体験であり，いざ死を前にしたとき，私たちの心には様々な不安や時に恐怖が生じる。

（2）死に向かう心のプロセス

　Kübler-Ross（1969）は，末期がんの患者の心に添い，死に向かう心のプロセスについて，その著書『死ぬ瞬間』において次の 5 つの段階で示した。

①否認・隔離：自分が死ぬということは嘘ではないのかと疑う段階。

②怒り：なぜ自分が死ななければならないのかという怒りを周囲に向ける段階。

③取引き：もし病気が治ったら，何でもするから神様病気を治してくださいという，なんとか死なずにすむように取引をしようと試みる段階。何かにすがろうという心理状態。

④抑うつ：死が避けられないことであるとわかり，運命に対し無力を感じる段階。

⑤受容：最終的に自分が死に行くことを運命として受け入れると同時に，一縷の希望を持つ。そして受容段階の後半になり，安らかに死を受け入れる。

　死にゆく全ての人がこのプロセスの通りを体験するわけではなく，宗教観や死生観，またその人が置かれている境遇により，様々な受け取り方が生じるだろう。また，この死の受容プロセスを提唱したキューブラー・ロス自身は，脳卒中により晩年は長い期間，身体が不自由な生活を送っており，メディアのインタビューなどを通して自身の死への思いが率直に語られており大変興味深い。

2. デス・エデュケーション

　私たちは，死そのものを前もって体験することはできないが，いずれ迎える死について様々な形で学び，向き合うことができる。その一つに死への準備教育（デス・エデュケーション）がある。デーケン（2013）は，デス・エデュケーションとは，死を身近なものであると考え，生と死の意義を探求し，自己と他者の死に備えての心構えを習得し，よりよく生きるために一生涯向き合う教育であるとしている。そして，死への準備教育は以下の4つのレベルで行われる必要があるとしている。

1）知識のレベル：死に関わりのある多様なテーマを専門的知識として

学ぶ。例えば，死のプロセス，悲嘆，告知，安楽死，尊厳死，自死，死生観などを学際的に学ぶことである。

2) 価値観のレベル：個々人が自分の価値観の見直しと再評価を行い，生と死にまつわる，より確固とした価値観を身につける。例えば，末期状態にあるときの延命について，安楽死や脳死における臓器移植，自殺に関する問題は単に知識だけの問題ではなく，個人の価値観に関する問題である。死への準備教育により自分の価値観の見直しと再評価を行い，生と死にまつわるより確固とした価値観を身につける。

3) 感情のレベル：死に対する恐怖や不安，死を直視することを避けようとする否定的な感情を自覚し，生と死の問題に対する自らの感情を認識し，受け入れる。

4) 技術のレベル：前もって知識のレベル，価値観のレベル，感情のレベルの3つを既に「卒業」した上で，死にゆく患者と実際にかかわるか技術を学ぶ。

デーケンのデス・エデュケーションからも分かることとして，死に対して，私たちは様々な否定的な感情を引き起こされるため，回避的になりやすい。そのため，死に対する単なる知識を習得するだけではなく，自身の死に対する感情的側面や価値観の自己理解を深めることが必要と考えられる。

3. 中高年の自死

日本では，1998 年に自殺者数が3万人を突破して以降，14 年間3万人を超えて推移した。これを受け，2006 年に自殺対策基本法が成立・施行され，国や地方自治体による自死に対する実態の解明，自殺の予防に向けた取り組みが行われてきた。その後，平成 22 年以降，自殺者は連続して減少しており，平成 28 年（2017 年）の自殺者数は 21,897 人で

あった。また性別をみると，男性の自殺者数は、女性の約 2.3 倍であり，年代では 40 歳代が 3,739 人で全体の 17.1% を占め，50 歳代が 16.6%，60 歳以上は 40.4% であった（図 15-2, 図 15-3）。ここから分かるように，自殺者の多くは中高年であり，減少傾向がみられるものの，日本では今だ多くの人が毎年自らの命を絶っている。また，原因・動機が明らかなもののうち，20 代〜50 代では「うつ病」が第 1 位であり，60 代以上は「身体の病気の悩み」であった（厚生労働省，2017）。

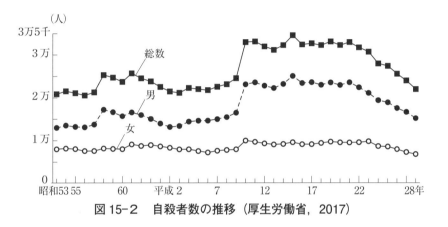

図 15-2　自殺者数の推移（厚生労働省，2017）

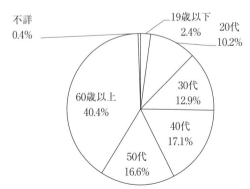

図 15-3　平成 28 年　年代別自殺者（厚生労働省，2017）

　しかし，こうした統計データに表される数値や自死の原因は，自死の数量的な推移を知るには重要な情報であるが，複雑な要因や個別の事情を垣間みることはできない。その人がなぜ自ら死に至らなくてはならなかったのか，そこに至るまでにどのような苦悩があり，孤独があったのか，その背景は実に多様で複合的な背景があり，様々な要因の連鎖があるとされている。

　杉山（2017）は，自死は「苦しみの末の到達点」であると述べた。そして，自殺防止の介入のポイントは，人生のずっと手前にあり，例えば，児童虐待対策や，地域の育児支援，学校でのいじめ防止，職場の過重労働やハラスメントの禁止なども自死対策となると指摘している。自死は個人やその家族の問題だけではなく，社会のセイフティネットが十分に機能しなかったために至る問題であると言える。また，家族を自死で亡くした場合，残された遺族は，助けることができなかった罪悪感を持ちやすく，周囲から偏見を受けたり，自死であることを打ち明けられないなど，通常の死とは異なる苦悩を抱えることも多い。2006年に成立した「自殺対策基本法」において，自死遺族への支援は，自殺対策の大きな課題の一つと位置付けられ，この法律の成立を契機に，自死遺族支援は急速に展開し，全国の相談窓口の設置をはじめとした取り組みが行われている。

4. 残された人の心の反応

（1） 悲嘆と喪の作業

　大切な人の死を経験することは，残された人々に心理的にも社会的にも様々な影響を与える。海外での多くの研究でも，死別体験によって死亡率が増大することが報告されており，うつ病などの精神疾患や心疾患などの身体疾患の罹患率を高めるリスク要因とされてきた。ここでは，

死別を体験した後に，どのような心理的反応が生じるかについて述べる。

　伊藤・中島・新明（2016）は，残された人が死別後に体験する様々な反応を悲嘆（Grief）とし，ここには，嘆き悲しむという情緒的反応の他に，故人の存在を探すような行動反応，絶えず亡くなった人を反芻する認知反応，頭痛やだるさといった身体反応，人との接触からひきこもる社会反応なども含まれるとした。それに対して，喪（悲哀；Mourning）は，死別後に故人を悼み，その別れに心理的な折り合いをつけていく時間幅を持ったプロセスであるとした。

　このように，死別を体験した後，ある一定の期間を経て，亡き人の死を嘆き悲しみながらも，少しずつ折り合いをつけていく作業を「喪の作業」（Mourning work）と呼ぶ。近親者を失った人に生じる喪の作業について，ボウルビィBowlby（1980）は，1）無感覚，2）失った人物に対する思慕と探求，3）混乱と絶望，4）再建の4段階で示した。

　1）無感覚の段階は，近親者の死を知らされた直後の反応であり，ほとんどの場合が呆然として，死の知らせを受け容れられないものと感じるとされる。そして，2）思慕と探求の段階では，時間の経過とともに喪失を事実として受け止め始める。亡くなった人に対する強い思慕が生じ，亡くなった人が現実に存在しているかのように感じたり，まだ戻ってきたのではないかと感じることもあり，失った人を捜し求め取り戻そうとする衝動に駆られる。死が現実であることを信じる一方で，失った人を求めて取り戻そうとし，死の事実に疑惑を持つ。またこの時期には様々な対象への怒りも生じやすく，慰めてくれる人に対する敵意が生じることもある。この時期には冷静さを失い，不眠になることも多いが，それは悲嘆の一般的な反応であり，決して異常な反応ではないと指摘している。

　このような第2段階までの悲哀の段階から，悲しみに耐え，多かれ少

なかれ意識的に亡き人を探求し，喪失の経過や原因について繰り返し考えたり，周囲や亡き人も含めて怒りを表現した先に，喪失を事実として受けとめ，自分の生活を再建せねばならないと認め，受け入れることができるようになる。Bowlby はこれを第3段階の混乱と絶望，第4段階の再建の段階と呼んだ。Bowlby は，これらのプロセスが数カ月から数年を経過するにつれて生じる緩やかな変化であるとしている。

　Bowlby の理論にあるように，死別による喪の作業は，ある一定の期間が必要であり，その過程の複雑さやどれくらい続くのかといったプロセスは，その人のパーソナリティや故人との関係，自然死であったか，暴力的な死であったかなど，多様な要因が重なり合うため非常に個別性の高い体験となる。

（2）死別による二次的なストレスとセルフヘルプ・グループ

　死別後には上述のような様々な心理的反応が生じるが，それと同時に遺族は現実的な対処も求められる。亡くなった直後であれば，親族への連絡や葬儀を執り行うこと，役所や金融機関への届け出などがあるだろう。また，家族内でも，それまで亡くなった人がとっていた役割を別の家族がとるようになるなど，家族内での役割にも大きな影響が表れる。Stroebe ら（2007）は，残された人が，自身の悲嘆に対する対処とは別に，こうした生活の再建に向けた現実的な対処の2種類の対処を取ることを二重過程モデルとして示した。また，坂口・柏木・恒藤（1999）の調査でも，遺族の二次的なストレスとして最も多かったのは，故人を失ったことで生じた家族成員間の葛藤，対立，子育ての問題と，話し相手がいなくなったことや，故人に代わって行うようになった近所付き合いや世間の目であったとされる。

　例えば夫を亡くした妻という立場でも，もともとの夫婦関係や子どもの有無，妻自身の社会的役割などによっても，その後の影響は異なって

くる。このように，死別という体験は，一人ひとり異なる個別性の高い体験である。その一方で，同じような体験をしたもの同士だからこそ深く分かり合えるという面がある（坂口，2012）。このような機会を提供する場に，セルフヘルプ・グループがある。特に，犯罪や自死などで家族を失った場合，その体験は自然死とは異なり，遺族にとってトラウマ的なものとなりうる。その場合，加害者への怒りや助けることができなかった罪悪感や自責感など，通常の悲嘆反応に加えて，様々な傷つきを体験する。さらに，世間からの偏見を感じることもあり，体験を打ち明けることが回避されやすい。このような場合，セルフヘルプ・グループは，他の遺族と体験を分かち合うことを通して，「私だけではない」ということを知り，孤独感が癒されたり，勇気付けられたり，その後の人生を生きる上でのヒントを得る場として役立つとされる。

（3）　複雑性悲嘆

死別体験後に悲嘆反応が生じることは，大切な人を失くした後の心の働きとして自然なことである。しかし，ときに悲嘆反応が長期にわたり，悲しみから抜け出せなくなることもある。死別直後の悲嘆反応を急性悲嘆と呼ぶのに対し，このような，死別直後の強烈な悲嘆反応が，一定期間以上（例えば半年以上）継続し，日常生活や社会生活に支障をきたす状態を複雑性悲嘆と呼ぶ（Shear et al., 2005）。

飛鳥井（2008）は複雑性悲嘆としてみられる特徴的変化として，①6カ月以上続く強い悲痛感と思慕，②現実と信じられない，喪失を受け止めることができない，③故人に関することへの没頭，④喪失を想起させる事物や場所，状況の回避，⑤自責と後悔，強い怒り，⑥日常生活の停滞，⑦社会的ひきこもりの7つを挙げた。また，これまでの研究において，自然死に比べ，事故や殺人，自殺などで近親者を失った場合，複雑性悲嘆につながりやすいことが報告されている。

　長い悲嘆の中にある人にとって，前向きな気持ちになること，人生に希望を感じることは想像もつかないことかもしれない。そのような場合は，専門家による支援も必要である。複雑性悲嘆に対する専門的な支援として，伊藤ら（2016）は，Stroebeら（2007）の二重過程モデルに沿って，より積極的に生活を再建させていく作業と，喪失の事実やそれがもたらす悲しみに向き合う作業の両面に取り組むことの必要性を述べている。そして，故人がいない中で，自分自身が充実感を感じられるような人生の目標を考え，実際にその取り組みを始めること。その一方で，故人の死を知った状況を繰り返し思い出す作業などを通して，故人の死を最終的に受け入れ，死別という受け入れがたい事実と感情的な折り合いをつけていくことが複雑性悲嘆の回復を促すとされる。

（4） 死別経験後の心理的発達

　愛する人を失った後，私たちは悲しみや苦悩のみでなく，ときに心の成熟がもたらされるといった，ポジティブな変化が生じることも検討されている。こうした喪失体験後のポジティブな変化は，人格的成長や第6章でも紹介した心的外傷後成長（post-traumatic growth）などの視点からも検討されてきた。

　渡邉・岡本（2005）による調査では，死別経験者と未経験者に対する調査を実施し，死別を体験した人はそうでない人よりも人格的な発達を示すという結果が得られた。死別体験による人格的発達として，「自己感覚の拡大」，「死への恐怖の克服」，「死への関心・死の意味」の3つの因子が挙げられている。またそれに関連する要因としては，故人が亡くなったときの年齢や続柄，死別納得感などがみられた。さらに，看取りのケアを多く行っていた人の方が，ケアをあまり行っていない人に比べ，死別経験による人格的発達が高まることが示された。

　このように，死別経験による肯定的な心理的変化は，故人との関係性

やどのように看取ったかによっても，影響が異なるだろう。愛する人の死は私たちに深い悲しみを与えるが，そこから自分自身の生を振り返ったり，死に対する価値観を形成していくなど，新たな気づきを生み出すきっかけともなりうるだろう。

●**学習課題**

　「死」をテーマとした映画や小説などを調べ，作品の中で「死」がどのように扱われているのかについて考えてみよう。

引用文献・参考文献

1. 飛鳥井望（2008）．暴力的死別による複雑性悲嘆の認知行動療法．トラウマティック・ストレス，6（1），59-65.

2. アルフォンス・デーケン（2013）．新版 死とどう向き合うか　NHK出版

3. Bowlby, J. (1980). Attachment and loss. Vol. 3.: Loss: Sadness and depression. London: The Hogarth Press.（黒田実郎・吉田恒子・横浜恵三子〈訳〉（1981）．母子関係の理論Ⅲ 愛情喪失　岩崎学術出版社）

4. 伊藤正哉・中島聡美・新明一星（2016）．複雑性悲嘆における心的外傷後成長　宅香菜子（編）PTG の可能性と課題　金子書房

5. 厚生労働省（2017）．平成 28 年中における自殺の状況

6. Kübler-Ross, E. (1973). On death and dying. Routledge.（鈴木晶〈訳〉．死ぬ瞬間－死とその過程について－　読売新聞社）

7. 坂口幸弘（2008）．喪失に対する意味了解と生活・人生志向対処が遺族の精神的健康に及ぼす影響．社会心理学研究，23（3），281-289.

8. 坂口幸弘（2012）．死別の悲しみに向き合う　グリーフケアとは何か　講談社現代新書

9. 坂口幸弘・柏木哲夫・恒藤暁（1999）．家族の死に関連して生じるストレッサー ―二次的ストレッサーに関する探索的検討―，家族心理学研究．13（2），77-86.1999.

10. 杉山春（2017）．自死は，向き合える　遺族を支える，社会で防ぐ　岩波ブックレット

11. Shear, K., Frank, E., Houck, P. R., & Reynolds, C. F. (2005). Treatment of complicated grief: a randomized controlled trial. Jama, 293 (21), 2601-2608.

12. Stroebe, M., Schut, H., & Stroebe, W. (2007). Health outcomes of bereavement. The Lancet, 370 (9603), 1960-1973.

13. 渡邉照美・岡本祐子（2005）．死別経験による人格的発達とケア体験との関連．発達心理学研究，16（3），247-256.

索引

●配列は五十音順，数字，欧文

分担執筆者紹介

（執筆の章順）

大塚　泰正（おおつか・やすまさ）
・執筆章→ 4・7

1975 年	神奈川県に生まれる
2003 年	早稲田大学大学院文学研究科心理学専攻博士後期課程単位取得満期退学，博士（文学）
	独立行政法人 労働安全衛生総合研究所研究員，広島大学大学院教育学研究科講師・准教授など
現在	筑波大学人間系教授
専攻	臨床心理学，産業保健心理学
主な著書	職場のポジティブ・メンタルヘルス（共著　誠信書房）
	産業保健スタッフのためのセルフケア支援マニュアル（共著　誠信書房）
	ストレス学ハンドブック（共著　創元社）
	働く女性のストレスとメンタルヘルスケア（共著　創元社）
	ワーク・エンゲイジメント：基本理論と研究のためのハンドブック（共訳　星和書店）

上手　由香（かみて・ゆか）
・執筆章→ 6・15

1978 年	滋賀県に生まれる
2001 年	兵庫教育大学学校教育学部初等教育教員養成課程卒
2003 年	広島大学大学院教育学研究科心理学専攻博士課程前期修了
2006 年	同大学院博士課程後期修了（博士〈心理学〉）
現在	安田女子大学文学部講師を経て，現在広島大学大学院教育学研究科准教授
専攻	臨床心理学，生涯発達心理学，トラウマ，心理療法
主な著書	脊髄損傷者の語りと心理臨床的援助―障害受容過程とアイデンティティ発達の視点から―（単著　ナカニシヤ出版）
	世代継承性研究の展望―アイデンティティから世代継承性へ―（編著　ナカニシヤ出版）

成本　迅（なるもと・じん）

・執筆章→8・12・14

1971 年	奈良県に生まれる
1995 年	京都府立医科大学卒業
2001 年	同大学院博士課程修了（医学博士）
現在	京都府立医科大学大学院医学研究科精神機能病態学教授
	一般社団法人 日本意思決定支援推進機構理事長
	他に，日本老年行動科学会理事，日本老年精神医学会理事，
	認知症サポート医など
専攻	老年精神医学，行動神経学
主な著書	認知症の人の医療選択と意思決定支援（クリエイツかもがわ）
	認知症と医療（勁草書房）
	認知症の人にやさしい金融ガイド（クリエイツかもがわ）
	認知症の人にやさしいマンションガイド（クリエイツかもがわ）

編著者紹介

宇都宮　博（うつのみや・ひろし）

・執筆章→1・2・3・5

1971 年　大分県に生まれる
1994 年　大分大学教育学部卒
1999 年　広島大学大学院教育学研究科博士課程後期単位取得満期退学
2000 年　博士（教育学）取得（広島大学）
現在　　九州女子大学家政学部講師，京都教育大学教育学部助教授，立命館大学文学部准教授を経て，現在立命館大学総合心理学部教授
専攻　　発達臨床心理学，家族心理学
資格　　公認心理師，臨床心理士
主な著書　高齢期の夫婦関係に関する発達心理学的研究（単著　風間書房）
　　　　　夫と妻の生涯発達心理学（共編　福村出版）
　　　　　エピソードでつかむ老年心理学（共編　ミネルヴァ書房）

大川　一郎（おおかわ・いちろう）

・執筆章→ 9・10・11・13

1958 年	鹿児島県に生まれる
1981 年	鹿児島大学教育学部卒業
1991 年	筑波大学大学院心理学研究科（単位取得）退学
1999 年	博士（心理学）
現在	つくば国際大学助教授，立命館大学文学部心理学科教授，筑波大学人間系心理学域教授（兼任筑波大学附属高等学校校長）を経て，現在，埼玉学園大学教授（人間学部学部長，大学院心理学科研究科長）筑波大学名誉教授
専攻	臨床心理学，老年心理学
資格	公認心理師，臨床心理士
主な著書	田中ビネー知能検査V（共著　田研出版）老いとこころのケア（共編者　ミネルヴァ書房）高齢者のこころとからだ事典（編集代表　中央法規）エピソードで学ぶ老年心理学（編集代表　ミネルヴァ書房）他

放送大学教材　1529455-1-2011（ラジオ）

新訂　中高年の心理臨床

発　行　　2020 年 3 月 20 日　第 1 刷
　　　　　2023 年 1 月 20 日　第 2 刷
編著者　　宇都宮　博・大川一郎
発行所　　一般財団法人　放送大学教育振興会
　　　　　〒 105-0001　東京都港区虎ノ門 1-14-1　郵政福祉琴平ビル
　　　　　電話 03（3502）2750

市販用は放送大学教材と同じ内容です。定価はカバーに表示してあります。
落丁本・乱丁本はお取り替えいたします。

Printed in Japan　ISBN978-4-595-32183-2　C1331